밀린다 왕의 물음

밀린다 왕의 물음

Milinda Panha

서정형 역해

공감과소통

헌 사

지난해 말 수인총서1 《空 · 반야심경 읽기》가 출간되었을 때, 나보다 더 반기는 사람이 많았다. 기다리다 지쳐서 포기상태에 있다가 나온 책이라서 그런지 다들 '놀란 듯이' 기뻐해주었다. 칸트가 《순수이성비판》 서문에서 말했듯이, '마치 내가 무얼 할 수 있다는 듯이' 기대한 분들이 있다는 것은 분에 넘치는 행운인 동시에 즐거이 짐질 수 있는 부담이기도 하다.

이 책이 나오기까지도 많은 인연들의 도움이 있었다.

이제는 역사의 저편으로 사라진 웹진 〈사람다컴〉의 필진과 친구들(구하, 도우, 백하, 완정, 중화, 청재, 해설, 효산)이 있어 오랜 세월 절차탁마하며 함께 공부할 수 있었다.

오래전(2004년)에 천화遷化하신 은사 고 심재룡 전 서울대학교 교수님은 나를 감로의 샘으로 이끌어 지금껏 그 혜택을 누리게

해주신 분이다. 〈밀린다팡하〉와 관련해서는 연구책임자였던 백종현 선생님(서울대학교 명예교수)의 따뜻한 배려를 잊을 수 없다. 또 서울대학교의 이석재, 박지형 거사는 내 책의 출간을 '나보다 더 반긴' 이들이라 거명하지 않을 수 없다. 특히 박 거사는 미국 유학시절부터 법담을 나눠온 오랜 도반이다.

세계 최고의 술, '화요'를 만드는 〈광주요〉 조태권 회장님은 나의 졸저에 밑줄까지 그어가면서 읽는 애독자시다. 훌륭한 독자를 갖는 것은 저자의 홍복이다.

내가 '소낙비에 볏섬이 떠내려가는 것도 모르고' 한가하게 책을 쓸 수 있는 것은 온전히 가족의 헌신 덕분이다.

무엇보다도, 흩어져 있던 말들에 질서를 부여하고, 곱게 단장해서 세상에 내놓기까지 애써주신 도서출판 '공감과 소통' 팀의 정성에 감사드린다.

2020년 봄에

미불산방에서 저자

서문

공자는 '술이부작述而不作'이라는 말을 했다. 내가 이해한 바로는, "성현의 가르침을 풀어내는 것으로 충분하므로, 내 것이라고 따로 지어낼 필요는 없다"는 것이다. "하늘 아래 새로운 것은 없다"는 성경의 말씀도 이와 비슷하리라고 생각한다. 지식의 측면에서는 앞사람의 유산에 뒷사람의 학습과 창의가 보태져서 진보가 가능하겠지만, 지혜라는 것은 축적되는 것도 아니며, 새로워지는 것도 아니다. 〈수인총서〉가 당분간은 술이부작의 정신에 충실하려는 까닭이다. 설사 순수 창작물 비슷한 것이 만들어진다 해도 정말 새로운 것은 아홉 마리 소에서 터럭 하나가 못될 것이다.

왜 〈밀린다팡하〉인가

수인총서2 《밀린다 왕의 물음》은 불교 고전인 〈밀린다팡하 Milindapañha〉를 우리말로 옮기고 해설을 붙인 것이다. 기원전 1세기경 인도 서북부에서 만들어진 것으로 추정되는 최초의 원본(아마도 산스크리트어로 된)은 현재 남아 있지 않고, 우리가 보는 빨리어 번역본은 기원후 400년경에 만들어진 것이다. 근 500년에 걸친 정치 사회적 변동을 겪으며 훼손되고 첨삭이 가해졌기 때문에 원형을 복원하는 것은 사실상 불가능하다. 따라서 이 책은 현존하는 여러 판본의 맥락과 행간을 읽어서 번역자의 관점을 명확하게 드러내는 데 역점을 두었다.

〈밀린다팡하〉와 나의 인연은 자못 깊다. 오래전(2002년)에 서울대학교 철학사상연구소에서 공동 연구를 진행한 적이 있는데, 이때 내가 선정한 텍스트가 바로 〈밀린다팡하〉였다. 당시에는 이 책의 특별한 매력에 끌려서 연구 과제로 삼았지만, 몇 종 되지 않는 우리말 번역본에 대해서는 불만이 매우 컸다. 불교를 좀 공부한 내가 봐도(보면서 추리를 해봐도) 무슨 말인지 알 수가 없는 부분이 많았고, 항상 그렇듯이 핵심적인 부분에서 그러했다. 그런데도 번역자의 설명이 없고, 각주조차도 형식에 그쳤다. 대화 형식이라서 〈밀린다팡하〉가 만만하게 보일지 몰라도 상세한 설명이 없으면 반도 소화하기 어렵다. 바로 그 때문에 재번역의 필요성을 느끼고 있었는데, 시절 인연이 무르익어서《밀린다 왕의 물음》이라는 제목으로 출간하게 되었다. 〈밀린다팡하〉의 문헌적 가치를 들자면;

첫째, 기원전 2세기경 인문학적 소양을 갖춘 그리스 왕(그리스어로 메난드로스, 인도어로 밀린다)과 인도의 불교 고승(나가세나)과의 문답으로 동서문화의 교섭이라는 의의가 있다.

둘째, 밀린다 왕이 서구문명의 관점에서 불교에 대한 의문을 제기하는 것은 서구식 교육을 받은 대다수 현대인들의 입장을 대변한다는 점에서 통시적 가치가 있다.

셋째, 복싱이든 대론對論이든 기량이 뛰어난 선수들이 맞붙어야 구경하는 재미가 있다. 밀린다 왕의 질문도 날카롭지만(물론 우문도 간혹 있다) 적확한 비유와 논리를 구사하는 나가세나의 탁월한 변재辯才에는 절로 감탄이 나온다.

넷째, 이 불교 고전에는 역사적 사실과 픽션이 뒤섞여 있지만, 기원전 1~2세기 인도 서북방 불교의 특징과 관심사를 읽을 수 있다. 저자는 이단(불교 외부)의 비판으로부터 불교를 방어하고, 불교의 진면목을 알리기 위한 목적으로 이 책을 저술했을 것이다.

이 책의 구성

이 책은 리스 데이비즈(T. W. Rhys Davids) 교수가 빨리어 원본에서 영역한 *The Debate of King Milinda*를 기본 텍스트로 삼고, 이를 요약, 편집한 비구 페살라(Bhikhu Pesala)의 *An Abridgement of the Milindapañha*를 참고했다. 간간이 의미가 명확하지 않거나, 모호한 부분은 한역본(〈나선비구경那先比丘經〉)을 교차 검증했으며, 아래에 적시한 우리말 번역본의 내용을 대조했다. 특히 페살라의 영역본을 접하고 축약의 필요성과 편의성에 공감했기 때문에 중복되는 비유나 부연설명을 간소하게 줄이고, 주제별로 재편해서 완전히 새로운 형태의 〈밀린다팡하〉를 만들게 되었다.

요약본이라고는 하지만, 지나치게 번쇄한 내용과 불필요하다고 여겨지는 반복을 줄인 것이지 대화의 골격 자체를 헐어낸 것은 아니고, 원본의 뜻을 축소시킨 것도 아니다. 예를 들면, 1부 2장에서 윤회의 주체를 논하면서 환생한 사람은 이전의 사람과 같지도 않고 다르지도 않다는 것을 7가지 비유를 들어 설명한다. 그러나 나의 《밀린다 왕의 물음》에서는 처음에 피운 모닥불이 나중에 임야를 태운 불과 같지도 않고 다르지도 않다는 한 가지 비유만 들었다. 중요한 주제이긴 하지만 이 한 가지로 충분히 의미가 전달되기 때문이다. 사실 다른 여섯 가지 비유도 대동소이하다.

이 책의 형식과 구성은 다음과 같다.

① 텍스트에 대한 나의 이해를 정확하게 드러내기 위해 본문 뒤에 색글자로 해석을 붙였다.

② 〈밀린다팡하〉의 빨리어본은 장/절이 구분되어 있으나 주제별로 묶인 것도 아니고, 특별한 분류체계가 보이는 것도 아니다. 생각건대 최초의 원본은 일정한 원칙에 따라 구성되었겠지만 수백 년을 거치면서 산실된 것을 재편집한 흔적이 완연하다. 이 책은 그러한 사정을 감안해서 '1부 대론對論' 부분을 완전히 해체한 후 주제별로 재구성했고, 그것은 목차에 반영되어 있다. '2부 딜레마Dilemma'는 후대에 덧붙여진 것으로 보이지만, 그 또한 현존 〈밀린다팡하〉의 일부이므로 이 책에 포함시켰다. 다만 일반 독자들에게 유의미한 대화만을 선택적으로 발췌했다.

③ 1부와 2부의 장/절 구분과 소제목은 내가 임의로 붙인 것이다. 소제목 뒤에는 독자들의 편의를 위해 원본(리스 데이비즈 영역본)의 장/절 번호를 뒤에 붙였다. [예 : 아는 주체가 존재하는가(3/6)]

④ 〈해설〉은 서울대학교 철학사상연구소 별책으로 펴낸 〈밀린다팡하〉의 내용을 완전히 재편한 것이다. 〈부록〉("'내'가 없는데 누가 윤회하는가")은 2003년에 쓴 소논문 "자아가 없는데 누가 윤회하는가"를 일부 수정하고 전재한 것인데, "4. 남는 문제 : 베르나르 포르의 경우"는 새로 덧붙인 내용이다.

⑤ 이 책에 인용된 경전의 해석도 내가 읽는 방식을 분명하게 제시했다. 번역자는 틀리든 맞든 자신의 이해를 명료하게 드러내야 한다. 그렇지 않으면 독자들은 번역문을 또다시 번역해야 하는 이중고를 겪게 된다. 고전 번역자가 지녀야 할 최소한의 미덕은 모호성 뒤에 숨지 않는 것이다. 오역誤譯과 타역惰譯과 비문역非文譯의 폐해는 어제오늘의 문제가 아닌데, 우리나라 인문학의 후진성은 번역에도 큰 책임이 있는 것 같다.

| 차 례 |

3. 업

4. 마음

5. 수행

6. 열반

7. 붓다

2부_딜레마Dilemma

1. 딜레마Dilemma

[해설]

[부록]

약어표

약어	빨리어 텍스트	영역
A.	Aṅguttara Nikāya	Gradual Sayings
D.	Dīgha Nikāya	Dialogues of the Buddha
Dhp.	Dhammapada	Dhammapada
M.	Majjhima Nikāya	Middle Length Sayings
Thag.	Theragāthā	Elders' Verses
Thīg.	Therīgāthā	Elders' Verses
S.	Saṃyutta Nikāya	Kindred Sayings
Sn.	Sutta Nipāta	The Group of Discourses
Sta.	Sutta	Discourse
Vin.	Vinayapiṭaka	Book of the Discipline
Vism.	Visuddhimagga	Path of Purification

〈밀린다팡하〉의 역사적 배경

〈밀린다팡하〉라는 텍스트

〈밀린다팡하〉를 읽어가다 보면 독자들은 밀린다 왕의 질문이 모두 불교에 대해 자신이 묻고 싶은 주제라는 인상을 받는다. 대개 그런 질문에 대한 답변은 고답적이거나 천편일률적일 때가 많은데, 나가세나는 풍부한 예시를 통해 명쾌하게 답하고 있기 때문에 독자들에게 신뢰감과 함께 신선한 충격을 준다. 더욱이 이 경전은 문학적으로도 높은 평가를 받고 있는데, 빨리어로 된 불교 경전에 관한 한 서구 최고의 번역자라고 할 수 있는 리스 데이비즈 교수는 이렇게 말했다.

> "단언컨대, 〈밀린다 왕의 물음〉이 인도 산문의 위대한 걸작 중의 하나라는 것은 의심의 여지가 없다. 그리고 문학적

견지에서도 어느 나라의 어떤 책과 견주어도 손색이 없는 훌륭한 작품이라고 나는 생각한다."

대승경전이 붓다의 육성이 아니라, 붓다의 진의를 창의적으로 계승한 '종교적 천재들'에 의해 저술되었다는 것은 근세에 밝혀진 사실이지만, 〈밀린다팡하〉와 같이 경전으로 분류될 수 없는 문헌이 미얀마의 빨리어 대장경에 포함된 것은 매우 이례적인 일이다. 다수의 학자들은 이 문헌이 기록된 시기는 기원 전후이고, 기록된 지역은 서북 인도(펀자브~간다라 일대)일 것으로 추정한다. 그리고 한문본 〈나선비구경〉과 비교 연구를 통해 처음에는 산스크리트어로 기록되었다가 후에 빨리어로 유통된 것으로 보고 있다.

그렇다면, 〈밀린다팡하〉는 과연 누가 지었는가?

이 문헌의 필자에 대해서는 아무런 기록이나 전언도 없다. 그러나 문헌에 갠지스 강 이남의 지명이 나타나지 않기 때문에 필자 역시 서북 인도의 인물이라는 견해가 있다. 관련 자료를 검토해볼 때 〈밀린다팡하〉라는 걸작을 지은 인물은 ① 기원 전후에 서북 인도(의 사원)에 주로 거주했으며, ② 불교 경전에 해박하고, 문학적 소양이 있으며, ③ 당시 간다라 지방에 유행했던 설일체유부說一切有部 계열의 불교 승려일 가능성이 높다. 밀린다 왕이 서북 인도를 지배한 박트리아의 왕이라는 점도 이 가설에 힘을 실어준다.

가용한 정보를 육하원칙에 의거해서 대강 정리하면, 〈밀린다팡하〉의 저자는 기원 전후(기원전 50년경이라는 설이 유력)에 밀린다왕과 한 명, 또는 여러 명의 불교 고승과의 대화에 관한 구전口傳에 촉발되어, 불교의 전승과 방어를 위해 당시의 지배적인 기록 수단인 산스크리트어로 기록했다는 것이다.

〈밀린다팡하〉의 중심 주제는 ① 인격적 개체와 영혼의 문제, 윤회의 주체와 인과응보의 원리, ② 불교의 독자적인 지식론, 심리현상, ③ 불타론을 중심으로 해탈과 열반을 향한 실천 수행론 등 실제로 불교의 중심 주제를 광범위하게 다루고 있다. 특히 소위 소승불교의 복잡한 교학과는 달리 불교의 실천적 특성을 다양하게 개진하고 있다는 점에서 대승불교의 흥기를 앞둔 시대적 특성을 보여주고 있다. 실제로 〈밀린다팡하〉에는 대승불교의 정토신앙에 대한 내용도 포함되어 있다.

〈밀린다팡하〉(혹은 나선비구경那先比丘經)의 원전과 번역본은 다음과 같다.

1. 원전

(1) 빨리어본

① 스리랑카본 : Rhys Davids의 영역 저본

② 트렌크너본 : Pali Text Society에서 편집, 출판

③ 샴본 : 트렌크너본보다 후대에 증보, 수정된 것

(2) 한역본

① 고려대장경 30~243(K. 1002) : 나선비구경那先比丘經

② 대정신수대장경 32~694 : 나선비구경那先比丘經

(3) 원전의 로마자본(Romanized edition)

V. Trenckner (ed.), *The Milindapañha*, Pali Text Society, 1880. (index를 갖춘 판본이 1928년 재간됨)

2. 주석서 : P. S. Jaini 교수가 캄보디아에서 발견된 〈밀린다팡하〉의 주석서, 〈Milindatika〉의 교정본을 출간했다. (Pali Text Society, 1961)

3. 번역본(연도 순)

(1) 영역英譯

① T. W. Rhys Davids, *The Question of King Milinda*,

The Sacred Book of East, vols. XXXV, XXXVI, Oxford, 1890.

② I. B. Horner, *King Minlinda's Question*, Sacred Books of the Buddhists, No. 22, 23, London, 1963~64.

(2) 일역日譯

金森西俊, 彌蘭王問經 2卷, 南傳大藏經 59上下, 1939~40.

中村元, 早島鏡正 (共譯), 彌蘭陀王の質問 3卷, 東洋文庫, 平凡社, 1963~64.

(3) 한글역

① 동국역경원,《한글대장경 201》, 역경원

② 서경수(역),《밀린다왕문경》, 동국대학교 불전간행위원회 편, 동국대부설 역경원, 1993.

③ 동봉(역),《밀린다왕문경 1, 2》, 불전간행회 편, 민족사, 1997.

④ 이사카미 젠오, 이원섭(역),《미란타왕문경》, 현암사, 2001.

[기원전 2세기 초 박트리아 지도]

페살라의 서론("Introduction")에서도 밀린다(인도식 표기) 왕이 박트리아 왕국(기원전 255년~139년)의 메난드로스(그리스식 표기) 왕이라고 확인하고 있는데, 이 점에 대해서는 누구도 이의를 제기하지 않는다. 그러나 뒤에서 밝히겠지만, 밀린다가 즉위할 때(기원전 163년)는 이미 박트리아 왕국이 동서로 갈라진(기원전 171년) 후이다. 오늘날의 아프가니스탄 북부에 있었던 왕국(수도 박트라)은 그리스-박트리아 왕국(기원전 246년~130년)으로, 서북 인도에 있었던 것(수도 탁실라와 사갈라)은 인도-그리스 왕국(기원전 171년~10년)으로 구분할 필요가 있다. 밀린다 왕은 헬레니즘 문화가 개화하기 시작한 인도-그리스 왕국의 통치자였다(연도는 기록마다 약간의 차이가 있지만 문제삼지 않겠다).

[밀린다 왕]

밀린다 왕(기원전 163년~120년 재위)은 마케도니아의 알렉산더 대왕이 건설한 대제국의 유산인 박트리아 왕국의 통치자로서 역사가들에게는 잘 알려진 인물이다. 기록에 따르면, 그는 많은 정복 전쟁을 치렀고, 전성기에는 박트리아 지역(아프가니스탄 북부)에서 북인도의 줌나(Jumna) 강에 이르는 방대한 제국을 경영했다. 그의 얼굴이 새겨진 동전이 서쪽으로 카불(Kabul)에서 동쪽으로 마투라(Mathura)까지, 그리고 북으로는 카슈미르(Kashmir)까지 상당수 발견되었다. 로마 역사가 플루타크(Plutarch)는 밀린다 왕에 대해 이렇게 적고 있다.

> "메난드로스는 매우 공명정대해서 그의 백성이나 관리들로부터 많은 사랑을 받았다. 그가 병영에서 숨을 거두자 여러 도시들이 화장한 그의 유해를 차지하기 위해 다툴 정도였다. 이 분쟁은 각 도시의 대표들이 왕의 유해를 공평하게 나누기로 합의를 하고서야 일단락되었다. 그리고 유해를 가져간 도시들은 제각기 다른 기념비를 세웠다."

[나가세나]

〈밀린다팡하〉에 묘사된 나가세나는 불교의 이론과 실천을 겸비한 고승으로서 변설에도 능한 현인의 이미지를 갖고 있다. 그러나 밀린다 왕에 대한 역사 자료는 비교적 풍부한 데 비해 나가세나라는 인물에 대해서는 알려진 바가 거의 없다. 〈밀린다팡하〉의 서문에 나가세나의 성장 배경과 전생담이 나오지만, 그것을 역사적 사실로 볼 수는 없다. 페살라에 따르면, 서문에 기록된 나가세나의 행적은 스리랑카의 연대기인 〈마하밤사(Mahāvaṃsa)〉에 기록된 목갈리풋타 팃사(Moggaliputta Tissa)의 젊은 시절과 흡사하다고 한다. 목갈리풋타 팃사 장로는 메난드로스 왕보다 100년쯤 전의 인물이다.

그리스 문화의 영향이 지배적이었던 박트리아와 달리 인도-그리스 왕국이 있던 서북 인도(간다라 일대)는 이미 오래전부터 불교의 영향 아래 있었다. 그리스 전통 속에서 교육을 받은 밀린다 왕은 서론에서 강조하고 있듯이 그의 왕국 안에 살고 있는 불교 승려와 토론을 즐겼을지도 모른다. 그러나 밀린다 왕의 불교 지식이 〈밀린다팡하〉의 내용과 같이 불교 고승과 대론을 할 만큼 풍부했다고 보기는 어렵다. 그렇다면 〈밀린다팡하〉의 작가는 나가세나를 창조했을 뿐만 아니라 실존인물이었던 밀린다 왕에 대해서도 자유롭게 상상력을 발휘했다는 것을 알 수 있다. 〈밀린다팡하〉가 기록된 것이 밀린다 왕 사후 100년경이라면 전설이 되기에는 부족한 시간이다.

밀린다 왕과 특히 나가세나에 매료되었던 독자들에게는 다소 실망스러운 결론일지도 모르겠다. 그러나 설화나 문학작품 속의 가공인물이 실존인물보다 더 사랑받고 오랜 생명력을 갖는 사례는 드물지 않다. 밀린다 왕과 나가세나도 그런 존재라고 나는 생각한다.

알렉산더 대왕의 동방 원정

〈밀린다팡하〉의 배경이 되는 사갈라(Sāgala)는 인도-그리스 왕국의 수도였고, 이 왕국은 마케도니아의 알렉산더 대왕이 인도의 서북지방에 남긴 유산이라고 할 수 있다. 기원전 334년 동방 원정에 나선 알렉산더 왕은 티그리스 강 유역인 가우가멜라에서 페르시아의 왕 다리우스 3세의 대군을 격파하고 페르시아 제국의 지배자가 된다.

당시 페르시아 제국의 일부였던 박트리아의 총독 베수스

(Bessus)도 알렉산더에게 패해서 다리우스 3세와 함께 박트리아로 도주했다. 그 과정에서 베수스는 다리우스 3세를 죽이고 스스로 페르시아의 왕이 되어 아르타크세르크세스 5세(Artaxerxes V)를 칭했다. 알렉산더는 베수스를 쫓아 박트리아로 진격했다. 베수스는 그리스 군의 진군을 막다가 옥수스 강(지금의 아무다리야 강)을 건너 북으로 달아났지만 결국 잡혀서 비참한 최후를 맞았다. 알렉산더는 거친 풍토와 싸우며 2년에 걸쳐 박트리아와 소그디아나(오늘날의 투르키스탄, 신장 위구르 지역) 일대의 여러 도시를 점령했고, 록사나(Roxana, ?~기원전 309년)라는 박트리아 귀족 가문의 여자를 첫 번째 아내로 맞기도 했다.

[박트리아 전투 코끼리]

기원전 327년 힌두쿠시 산맥을 넘어 인도로 진입하려던 알렉산더는 인더스 강 유역의 펀자브 지방 일대를 지배하던 파우라바(Paurava)의 왕 포루스(Porus)의 저항에 부딪혔다. 그리스 군은 전투 코끼리 부대를 보유한 포루스의 군대에 고전을 면치 못하다가 마침내 히다스페스(Hydaspes) 강의 전투(기원전 326년)에서 승리를 거두었다. 알렉산더는 포루스의 용기를 높이 사서 그 지역을 그대로 다스리게 하고 갠지스 강을 건너 인도 본토로 진입할 계획을 세웠다.

갠지스 강 남쪽에는 인도 북부를 지배하던 난다 왕국이 있었다. 이 왕국은 노예 계급(sudra) 출신이던 마하파드마 난다(Mahāpadma Nanda)가 북인도의 강국이었던 마가다(Magadha)의 왕권을 찬탈해서 세운(기원전 345년) 대국으로, 그 영토는 동쪽으로 브라마푸타(Brahmaputta) 강에서 서쪽으로 펀자브의 베아스(Beas) 강에 이르렀다. 이 왕조는 오래 지속되지는 못했지만(기원전 322년 마우리아 왕조의 찬드라굽타에 의해 멸망) 당시에는 막강한 병력을 자랑하고 있었으므로 알렉산더라 할지라도 쉽게 넘볼 수 없었다.

더욱이 갠지스 강을 건너 인도 본토를 정복하려던 알렉산더의 야망과는 달리 병사들은 오랜 원정에 심신이 지쳐 있었고, 열병과 홍수로 군대의 사기도 저하되어 있었다. 결국 병사들을 설득하지 못한 알렉산더는 귀환을 결정해야만 했다(기원전 326년). 알렉산더는 인더스 강을 따라 남하한 후 서쪽으로 발루치스탄 사막을 거쳐 페르시아의 페르세폴리스로 돌아왔고(기원전 324년), 이듬해 6월 13일 바빌론에서 세상을 떠났다.

그리스-박트리아 왕국과 인도-그리스 왕국

기원전	마케도니아(그리스)	박트리아	인도
480년			붓다 입멸
345년		페르시아의 일부	난다 왕조 개창
334년	알렉산더 동방 원정		
329년~327년		알렉산더 점령	알렉산더 인도 침입
326년			알렉산더 귀환
323년	알렉산더 사망(바빌론)		
322년~185년			마우리아 왕조
312년~64년	시리아(셀레우코스) 제국	시리아 제국의 일부	
273년~232년			아소카 왕 재위
246년	시리아의 박트리아 총독(디오도투스) 반역	그리스-박트리아 왕국 성립(수도 박트라)	
189년		박트리아의 에우티데모스 왕, 간다라 정복하고 탁실라에 도읍	
180년		박트리아의 데미트리우스 왕, 인도 본토 원정	
171년		박트리아의 장군인 유크라티데스 왕위 찬탈	인도-그리스 왕국으로 분리
163년			밀린다 왕 즉위(수도를 사갈라로 옮김), 서북 인도 정복
150년 전후			밀린다-나가세나 대화. 밀린다 왕, 박트리아 지역(카불 등) 지배
130년		그리스-박트리아 왕국은 대월지에 멸망	
10년			인도-그리스 왕국, 쿠샨 왕조에 병합
기원 전후			〈밀린다팡하〉 문자 기록

동서 박트리아 왕국의 짧은 역사는 지역(중앙아시아~서북 인도)으로 보나 시기(기원전 1~3세기)로 보나 우리에게는 사각지대나 다름없다. 그래서 알렉산더 대왕의 아시아 원정에서 인도-그리스 왕국의 종말까지 '전쟁의 역사'를 추적하는 일은 고단하면서도 흥미진진한 과정이었다.

그리스-박트리아 왕국

[디오도투스]

[에우티데모스 1세]

[데미트리우스 1세]

알렉산더가 죽자 디아도코이(Diadochi : '후계자'라는 뜻으로서 마케도니아의 장군들) 중의 하나였던 셀레우코스 니카토르(Seleukos Nikator)가 시리아 제국(혹은 셀레우코스 제국, 기원전 312년~64년)을 창건했다. 제국 초기부터 서방의 여러 나라와 전쟁하는 틈을 타서 멀리 떨어져 있던 동방의 영토들이 떨어져나가기 시작했는데, 박트리아도 그중 하나였다. 박트리아 총독 디오도투스(Diodotus)는 독립을 선언하고 박트리아 왕국을 세웠는데(기원전 246년), 수도는 박트라(Bactra)로 현 아프가니스탄 북부의 발흐(Balkh)이다. 이 왕국을 편의상 그리스-박트리아 왕국으로 명명하기로 한다. 당시 박트리아는 그리스의 절대적 영향 하에 있었고, 제국 초기에 셀레우코스 1세가 인도의 펀자브 지방을 회복하려다가 포기한 후에 인도와의 상관성은 거의 없었기 때문이다.

그리스-박트리아 왕국의 에우티데모스(Euthydemos)는 서북 인도로 들어가서 간다라를 정복하고 박트리아의 수도를 탁실라(Taxila)로 옮겼으며, 이어서 데미트리우스(Demetrius)는 인도의 마우리아 왕조가 무너지자 기원전 180년경 힌두쿠시 산맥을 넘어서 인도 원정을 감행했다. 이때 휘하 장군인 유크라티데스(Eukratides)가 데미트리우스의 동정東征을 틈타 반란을 일으켜서 스스로 왕이 되었고, 이후 많은 왕위찬탈자가 번갈아 일어나 국력은 소모되고 왕국은 혼란에 휩싸였다. 그 와중에 서쪽으로부터 파르티아의 침입을 받았고, 북쪽에서 내려온 대월지大月氏에 의해 멸망했다(기원전 130년).

인도-그리스 왕국

한편 인도 정벌을 떠난 데미트리우스는 유크라티데스의 반란을 진압하는 데 실패하고 서북 인도에 눌러 앉게 되었는데, 이것을 인도-그리스 왕국(Indo-Greek Kingdom)으로 구분할 필요가 있다. 이 왕국은 태생적으로 서쪽의 그리스-박트리아 왕국과 대립할 수밖에 없었다. 밀린다 왕은 이 인도-그리스 왕국의 군주였는

데, 재위하는 동안 수도를 사갈라(Sāgala)로 옮기고 그리스-박트리아 영토를 대부분 회복했던 것으로 보인다. 밀린다 왕의 재위를 포함한 전성기 때의 영역은 동쪽으로는 타림 분지, 서쪽으로는 페르시아, 북쪽으로는 소그디아나, 남쪽으로는 인도에 이르는 대제국이었다. 이 왕국은 밀린다 왕의 사후 40년(?) 가까이 더 지속하다가 대월지의 일파가 북인도에 세운 쿠샨 왕조에 병합되었다(기원전 10년).

[간다라 불상]

박트리아 왕국(통칭)의 지배계급은 모두가 그리스계였고, 그리스어가 공용어였으며, 그리스 화폐가 통용되는 등 전형적인 헬레니즘 국가였다(주화의 대부분은 아프카니스탄, 파키스탄, 인도에서 발견된다). 기원전 2세기 전반 에우티데모스 왕 때부터 간다라 지방에 진출해 그리스 문화를 전파함으로써 헬레니즘 문화와 인도 문화가 융합되는 토대가 마련되었고, 밀린다 왕 재위시에는 왕국의 수도 사갈라와 가까운 간다라 지역에서 동서양의 문화가 절충된 간다라 양식의 독특한 미술이 나타나기 시작했다. 알렉산더 대왕 때부터 정복지의 관습과 문화를 존중한 융화정책이 열매를 맺은 것이다.

박트리아 땅의 운명

그리스-박트리아 왕국의 위치는 아무다리야(Amu Darya) 강과 힌두쿠시 산맥 사이인데 오늘날의 아프가니스탄 북부 일대이다. 이 지역은 알렉산더 왕의 원정 때까지는 페르시아의 한 주州로 총독이 통치했고, 페르시아가 패배한 후에는 마케도니아의 속령屬領이었다가, 다시 셀레우코스의 시리아 속령이 되었다. 그 후 데미트리우스의 반역으로 시리아로부터 독립해서 박트리아 왕국이 되었다. 당시 이 지역은 페르시아나 그리스의 변방인 동시에 인도의 영향력도 거의 미치지 않는 '제3지대'였다. 그래서 그런지 역사적으로 이 지역의 총독이나 장군은 유독 반란을 잘 일으켰다.

① 페르시아의 총독이었던 베수스가 반역을 일으켜 다리우스 3세를 살해했다.
② 셀레우코스 제국의 총독이 독립해서 박트리아 왕국을 건설했다(디오도투스 1세).
③ 데미트리우스의 인도 원정을 틈타서 장군 에우티데모스가 반역, 동-서 박트리아로 분열되었다.

박트리아(Bactria)를 '대하大夏'로 병칭하는 사례가 있는데, 정확한 명칭이 아니다. 대하는 페르시아 말인 토하리안(Tokharian)

의 음역이고, 토하리안은 '대월지大月氏'를 가리키던 말이기 때문이다. 대월지가 박트리아 왕국을 멸망시키고 그 자리를 차지했는데, 박트리아를 대하(= 대월지)라고 부르는 것은 맞지 않다.

1부

대론對論

무 아

당신은 누구인가

밀린다 왕은 나가세나에게 다가가서 정중하게 인사를 하고 자리에 앉은 뒤 질문을 시작했다.

밀린다 왕 : 당신은 누구이며, 이름은 무엇입니까?

나가세나 : 동료 수행자들은 저를 나가세나로 부릅니다만, 그 '나가세나'란 단지 이름이고, 호칭이며, 통칭에 불과합니다. [이름에 대응하는] '실체적 존재'는 없습니다.

우리가 '아무개'라고 하든, '사람'이라고 하든 우리가 이름을 사용할 때 은연중에 전제하고 있는 것은 그렇게 불리는 존재가

그 자체로 영속성을 가지고 실체적으로 존재한다는 것이다. 그러나 '사람'이라고 불리는 존재를 면밀하게 살펴보면 고정되어 있는 것은 아무것도 없고, 그것을 구성하는 요소들이 무상無常하게 변하고 있다는 것을 알게 된다. 즉 우리는 '무상한 변화'에 이름을 붙여서 부르면서 마치 변치 않는 무엇이 있는 듯이 착각을 하고 있는 것이다.

예컨대, 바람이나 폭포는 한시도 머물지 않고 움직이고, 또 쏟아져내린다. 이때 우리는 정확하게 무엇을 가리켜서 '바람'이라고 하고, '폭포'라고 하는가? 사실상 이 이름들이 직접적으로 가리키는 대상은 확정할 수가 없다. 이름을 부르는 순간 이미 그것은 다른 것으로 변하기 때문이다. 다시 말하면, 이름에 대응하는 대상은 사실상 존재하지 않는다. 이것은 객관적으로, 경험적으로 확인되는 진실[眞諦]이다. 그럼에도 불구하고 우리는 편의상, 통념상[世諦] 그러한 무상한 대상에 이름을 붙여서 가리키고, 소통한다.

사람도 비유적으로는 바람이나 폭포와 다를 바 없다. 사람을 구성하는 정신적 요소(名, nāma)와 물질적 요소(色, rūpa)가 모두 찰나간에 생멸을 거듭하며 흘러갈 뿐이다(이것을 '무상하다'고 말한다). 이 흐름은 단절된 것도 아니고, 연속되는 것도 아니다[不斷不常].

거기에는 어떤 영속성도, 실체성도 없다. 사람을 구성하는 요소들을 다섯 가지로 분류할 때는 오온五蘊이라고 하고, 둘로 분류할 때는 명색名色이라고 하지만 그 역시 '높새바람'이나 '박연폭포'처럼 막연한 이름에 불과하다. 그래서 '나가세나'라고 불리는 실체적 존재는 '없다'고 말한 것이다. "실체적 존재는 없다"는 것은 '진실한 의미에서[眞諦]' 그렇다는 것이고, 통념상으로는[世諦] 그렇게 답하는 사람을 '나가세나'라고 부른다.

그러자 밀린다 왕은 대화를 참관하는 그리스인들과 승려들을 향해 나가세나의 대답을 재확인했다.

"방금 스님은 나가세나라는 이름이 내 앞에 있는 사람을 가리키는 게 아니라고 합니다. 어떻게 그럴 수가 있습니까?"

그리고는 다시 나가세나를 향해 물었다.

밀린다 왕 : 나가세나 스님, 만약 그 말이 옳다면, 스님에게 옷과 음식과 거처를 제공하는 사람은 누구입니까? 청정한 삶을 사는 사람은 누구입니까? 그리고, 살생을 저지르고, 남의 물건을 훔치고, 사음邪淫을 행하고, 거짓말을 하고, 술을 마시는 사람은 누구입니까? 만약 스님 말이 맞는다면 선행과 악행을 저지르는 행위자도 없을 것이고, 따라서 업業의 과보도 없을 것입니다. 그리고

누가 스님을 죽이더라도 살인을 한 사람은 없을 것이고, 교단의 스승이나 지도자도 없는 셈이 됩니다. 동료 수행자들이 스님을 '나가세나'라고 부른다고 하셨는데 과연 무엇이 나가세나입니까? 살갗의 터럭이 나가세나입니까?

나가세나 : 아닙니다.

밀린다왕 : 그렇다면 손톱이나 치아나 피부, 혹은 몸의 다른 부분들이 나가세나입니까?

나가세나 : 아닙니다.

밀린다왕 : 혹은 몸이나 느낌이나 지각이나 의지나 의식이 나가세나입니까?

나가세나 : 대왕께서 말씀하신 것 중에 어떤 것도 나가세나가 아닙니다.

밀린다왕 : 제가 지금까지 물어보았습니다만 나가세나는 찾지 못했습니다. 그렇다면 나가세나는 공허한 소리에 지나지 않습니까? 대관절 내 앞에 서 있는 건 누구입니까? [잠시 있다가] 제가 생각하기에는 스님의 답변에 오류가 있는 것 같습니다.

나가세나 : 대왕께서는 고귀한 태생으로 호화로운 환경에서 자랐습니다. 여기 오실 때 걸어오셨습니까, 마차를 타고 오셨습니까?

밀린다왕 : 마차를 타고 왔습니다.

나가세나 : 그렇다면 대왕께서 대답해보십시오. 마차란 무엇입니까? 굴대가 마차입니까? 혹은, 바퀴가 마차입니까? 고삐가 마차입니까? 굴레가 마차입니까? 아니면 이것들이 아닌 다른 부속품이 마차입니까?

밀린다왕 : 스님이 가리키신 것 중에 어떤 것도 마차가 아닙니다.

나가세나 : 결국 '마차'라는 말도 공허한 음향에 지나지 않는군요. 그렇다면 대왕께서 마차를 타고 여기에 오셨다는 말씀은 거짓말이 됩니다. 당신은 그리스의 위대한 왕으로서 무엇이 두려워서 진실을 말씀하지 못하시는 것입니까?

그리고는 논쟁을 참관하고 있는 그리스인들과 승려들을 향해서 말했다.

"밀린다 대왕께서는 마차를 타고 여기에 오셨다고 말씀하셨습니다. 그런데 마차가 무어냐고 물었을 때 그것을 제게 보여주시지 못했습니다. 어떻게 그런 일이 있을 수 있겠습니까?"

그러자 500명의 그리스인들은 나가세나의 편에서 왕의 해명을 촉구했다.

"대왕께서는 나가세나 스님의 물음에 답하시길 바랍니다."

밀린다왕 : 나가세나 스님, 저는 진실을 말했습니다. 마차의 굴대와 바퀴와 차체 등 마차의 모든 부분들이 결합되어 있는 것을 '마차'라고 부릅니다.

나가세나 : 그렇습니다. 대왕께서는 '마차'라는 이름이 가리키는 바를 바르게 이해하셨습니다. 그와 같이 32가지 신체의 장기와 개체를 구성하는 오온에 의해 '나가세나'라는 이름이 있는 것입니다. 비구니 바지라(Vajirā)가 붓다 앞에서 읊은 시구와 같습니다.

"여러 부분의 결합으로 인해
'마차'라는 명칭이 있듯이
오온이 존재할 때
'사람'이라는 이름이 있네." (S. i. 135.)

밀린다왕 : 참으로 훌륭하십니다. 저의 물음은 답을 얻었습니다. 붓다께서 여기 계시다면 스님의 답변을 칭찬하실 것입니다.

여기까지 읽고 나서 "마차라는 이름에 대체 무슨 문제가 있는가?" 고개를 갸우뚱하는 이들이 상당히 많을 것이다. 이 문답의

포인트는 단순한 '부분과 전체의 관계'가 아니라, 우리가 아무 생각 없이 쓰는 '이름'에 관한 문제다. 이름과 관련해서 두 가지 미망이 존재한다. 앞에서 잠깐 언급했지만 매우 중요한 주제이므로 부연한다.

첫째, 우리는 이름을 쓰면서 은연중에 그 이름이 가리키는 대상이 '이름과 같이' 변치 않고 영속적인 것이라고 믿는다. 왜냐하면 '이름'이라는 것이 그렇기 때문이다. 어릴 때나 늙었을 때나, 심지어 죽은 후에도 그 사람의 이름은 변하지 않는다. 그러나 그 이름으로 불리는 대상 자체는 이름과 같이 고정되어 있지 않은, 너무나 신속하고 불안정한 흐름이요, 흔들림이다. 이름이 변화를 가리는 것이다.

둘째, 이름(개념, 기호 등)을 쓰면서 그 대상이 '이름과 같이' 그 자체로 존재하는, 말하자면 독립적이고 자존적인 실체라고 생각하는 경향이 있다. 그러나 이름이 가리키는 대상은 여러 가지 요소들이 연기緣起적으로 상호 의존해서 일시적으로 존재하는 데 불과하다. 그런데도 마치 '그 자체의 본성을 지닌 실체'로 착각하는 것이다. 이름으로 인해 객관적 진실인 연기와 무상이 가려지는 것이다.

이 문제에 대해서는 이 책의 뒷부분에 있는 〈해설〉('무아에 대한 단상')에서 좀더 자세하게 다룰 것이다.

아는 주체가 존재하는가

밀린다왕 : '아는 주체(vedagū)'가 존재합니까?

나가세나 : 그게 무엇입니까?

밀린다왕 : 보고, 듣고, 맛보고, 냄새 맡고, 느끼고, 사물을 구분하는 우리 내면의 주체를 말하는 것입니다. 우리가 여기 앉아서 원하는 대로 창문을 통해서 밖을 내다볼 수 있지 않습니까? 그렇게 보는 주체를 말하는 겁니다.

나가세나 : 대왕께서 말씀하셨듯이 내면의 주체가 보고, 듣고, 사물을 지각한다면 귀나 다른 것을 통해서 볼 수 있지 않겠습니까?

"귀나 다른 것을 통해서 볼 수 있지 않은가?" 하는 물음은 다소 생뚱맞게 들리겠지만, 뒤에 가면 그 말의 본의를 알게 될 것이다. 간단히 말해서, '본다'는 현상은 보는 기능[眼根]과 보이는 대상[眼境]이 있을 때 보는 의식[眼識]이 일어나는 것일 뿐, 달리 '보는 주체'는 없다. "만약 이러한 세 가지 요소 외에 '보는 주체'가 따로

있다면 귀나 코로 볼 수 있지 않은가?" 하는 물음이다.

밀린다 왕 : 그럴 수는 없습니다.

나가세나 : 그렇다면 대왕의 말씀과 같이 내면의 주체가 마음대로 감각을 사용한다고 말할 수는 없습니다. 사실은 이렇습니다. 눈[眼根]과 형태[色境]로 인해서 시각[眼識]이 일어나고, 다른 것들(접촉, 느낌, 지각, 의도, 주의집중)이 연이어 일어나는 것입니다. 이러한 모든 조건들은 원인에 따라 저절로 일어나는 것일 뿐 그 속에 달리 '아는 자' 같은 건 존재하지 않습니다.

---

vedagū는 영혼, 개아(個我, atman) 등으로 번역되기도 한다. 《빨리어 사전*Concise Pali-English Dictionary* by A. P. Buddhadatta Mahathera》에 따르면, vedagū는 ① 베다의 달인, 혹은 최고의 지혜를 가진 자. ② 영혼이라는 뜻이다. 페살라가 vedagū를 '아는 주체(the one who knows)'라고 번역한 것은 ②의 뜻에 가까운데, 밀린다 왕이 모든 인식작용의 주체를 묻는 것이기 때문이다.

우리는 보통 무엇을 보면서 '내가 본다'고 말하고, 또 그렇게 생각하는데, 실제로 '보는 나'는 누구이며, 어디에 있는가? 눈과 형상이 있으면 눈의 인식작용이 생긴다(그 반대는 아니다). 그것은 두 손바닥이 부딪힐 때 소리가 나는 것과 같다. 소리는 두 손바닥에 의존하는 것이지 독립적으로 존재하는 실체가 아니다. 우리의 인식도 그와 같다. 보는 작용은 손뼉소리와 같이 눈과 형상에 의존해서 일시적으로 나타나는 현상일 뿐 불변의 실체가 아니다. 그런데도 우리의 미망은 '보는 작용'으로부터 '보는 작용을 하는 나'로 점프하는 것이다. 또 다른 장(5/6)에서는 같은 질문에 대해 짤막하게 답한다.

밀린다왕 : 나가세나 스님, '아는 주체(vedagū)'가 존재합니까?
나가세나 : 궁극적인 의미에서(paramātha) 아는 자는 존재하지 않습니다.

'아는 주체(vedagū)'란 인격적 주체, 혹은 윤회의 주체를 가리킨다. 바람이 불든, 강물이 흐르든 그 움직임과 흐름을 이끄는 주체는 없다. 주체가 없이 움직이고 흘러간다. 사람의 심리현상과 육체적 기능은 바람이나 강물보다 좀더 복잡하긴 하지만 주체가 없다는 점에서는 역시 마찬가지이다. 물론 현생과 내생을 이어주는 의식의 흐름(bhavaṅga)은 존재한다. 그러나 의식의 흐름도 실체적으로 연속되는 것은 아니다. 앞 찰나의 의식이 뒤 찰나에 영향을 미칠 뿐 옮겨가는 것은 아니다. 단절도 아니고[不斷], 연속도

아닌[不常] 것이다. 이것이 윤회의 실상이다.

여기서 "'참된 의미'에서 존재하지 않는다"는 말에 주목해야 한다. 참된 의미라는 것은 곧 진제(眞諦 = 勝義諦 = 第一義諦)를 가리킨다. vedagū를 '아는 자'로 번역하든 '영혼'으로 번역하든, 진제의 차원에서는 공적空寂하기 때문에 존재한다고 할 것이 없다. 그러나 동시에 통념적 차원[世諦]에서는 영혼도 있고, 아는 자도 있는 것이다. 예컨대 천도재를 주관하는 승려에게 천도할 영혼이 있느냐고 물으면 "있다"고 답할 것이다. 그런데 천도재를 믿지 않는 사람에게 물으면 "영혼은 없다"고 할 것이다. 둘 다 틀렸거나, 둘 다 맞다. 천도할 영혼은 내가 존재하듯이, 중음신으로 존재한다. 그러나 제일의제第一義諦, 즉 진제로는 존재하지 않는다. 그것은 의식의 흐름(+중음신의 변화)일 뿐이기 때문이다. 영혼이 없다고 하는 것도 반쪽의 진실이다. 통념적 차원에서 천도할 영혼은 내가 존재하는 것과 같은 실제성을 가지고 존재하는 것이다. 비슷한 질문이 반복되는 것을 보면 밀린다 왕에게(다시 말해서 원저자나 편집자에게) '아는 자'의 존재는 매우 중요한 주제였던 것 같다.

영혼은 존재하는가

밀린다왕 : 식(識, viññāṇa)과 지혜(paññā)와 영혼(bhūtasmiṃ jīvo)은 본질적으로 다릅니까, 아니면 같은 것인데 이름만 다릅니까?

나가세나 : 식識은 '아는 것'을 특징으로 하고, 지혜는 '식별하는 것'을 특징으로 하지만, 대왕께서 말씀하시는 영혼 같은 것은 존재하지 않습니다.

밀린다왕 : 만약 영혼이라는 것이 존재하지 않는다면 '무엇이' 눈으로 형상을 보고, 귀로 소리를 듣고, 코로 냄새를 맡고, 혀로 맛을 보고, 몸으로 감촉하고, 마음으로 관념을 생각하는 것입니까?

나가세나 : 만약 영혼이 눈을 통해 형상을 보고 [……] 마음을 통해 관념을 생각하는 것이라면, 눈이 없다고 해도 안에 있는 영혼이 밖으로 나와 대상을 훨씬 더 잘 볼 수 있을 것입니다.

밀린다왕 : 그런 일은 없습니다.

나가세나 : 그렇습니다. 그런 의미의 영혼이라는 것은 존재하지 않습니다.

이 부분은 중요하다고 판단해서 축약되지 않은 원본을 참조했다. 흔히 식識을 '식별작용'으로 번역하는 경우가 있는데 오해의 소지가 있다. 나가세나가 말하듯이 식은 단순히 '아는 기능'이다. 여기서 지혜의 특징으로 '식별'을 든 것은 정견正見과 사견邪見을 구별해서 사견을 배제하고, 사물의 있는 그대로의 진실을 비추어보는 기능을 말하는 것이다. bhūtasmiṃ jīvo는 '살아 있는 개체의(bhūtasmiṃ) 영혼(jīva)'이라는 뜻인데, '사람'으로 불리는 현상은 오온의 상호작용에 불과할 뿐 그밖에 달리 '영혼'으로 불릴 만한 실체적 존재는 없다. 즉 '영혼'이라는 말 역시 '사람' 혹은 '수레'라는 말처럼 대상을 가리키는 공허한 이름에 지나지 않는다.

"눈이 없다고 해도 안에 있는 영혼이 밖으로 나와 대상을 훨씬 더 잘 볼 수 있을 것"이라는 말은 〈수능엄경首楞嚴經〉에서 붓다가 아난존자를 깨우치는 장면에 등장한다. 아비담마에 정통한 나가세나는 무아를 설명하기 위해 이 논리를 구사하지만, 〈수능엄경〉(위경僞經으로 의심받는)에서는 여래장如來藏, 참마음[眞心, 眞如心]의 작용을 드러내기 위해 사용된다. 자아(ātman)에 대한 망집妄執이 사라지면 본심이 그대로 드러나게 되므로 서로 모순되는 것은 아니다.

윤 회

엄밀히 말해서 환생(rebirth, 혹은 reincarnation)은 단지 "다시 태어나는 것"이기 때문에 "해탈하기 전까지는 계속 모습을 바꾸어가며 다시 태어나는" 윤회(transmigration)와는 다를 수 있지만, 여기서는 같은 의미로 쓰였다. 따라서 문맥에 따라 환생과 윤회를 자유롭게 쓸 것이다.

다음 생의 나는 지금의 나와 같은가, 다른가

밀린다왕 : 나가세나 스님, 다음 생에 다시 태어나는 존재는 현생의 사람과 같습니까, 다릅니까?

나가세나 : 같은 사람도 아니고, 다른 사람도 아닙니다.

밀린다왕 : 예를 들어 설명해주십시오.

나가세나 : 병에 든 우유를 예로 들겠습니다. 우유는 처음에 응유(凝乳, 우유가 응고된 것)가 되고, 다음에는 버터가 되고, 그리고 정제 버터(ghee)가 됩니다. 이때 정제 버터와 버터와 응유가 우유와 같은 것이라고는 할 수 없습니다. 그러나 그것들이 우유에서 만들어진 것이기 때문에 우유와 완전히 다른 것이라고 할 수도 없습니다. 환생도 그와 같습니다.

우유에서 버터까지의 변화를 잘 관찰하고 이해하면 ① 무상無常과 ② 연기緣起와 ③ 공空을 이해할 수 있고, ④ 이름이라는 것이 변화(있는 그대로의 실상)를 은폐하는 실체화의 덫이라는 것도 알 수 있다. 어린아이가 노인이 되는 것이나, 그 노인이 다음 생에 다시 어린아이로 태어나는 것이나 변화의 정도가 다를 뿐 근본적인 차이는 없다.

누가 환생하는가

밀린다왕 : 환생할 경우, 다시 태어나는 것은 무엇입니까?

나가세나 : 마음(정신적 요소인 名, nāma)과 육체(물질적 요소인 色,

rūpa)입니다.

밀린다왕: 바로 이 마음과 이 육체가 다시 태어나는 것입니까?

나가세나: 아니요, 그렇지 않습니다. 그러나 바로 이 마음과 육체에 의해 행위[業]가 이루어지고, 바로 그 행위에 의해서 또 다른 마음과 육체가 환생하는 것입니다. 환생한 마음과 육체는 이전 행위의 결과로부터 벗어날 수 없습니다.

밀린다왕: 예를 들어 설명해주십시오.

나가세나: 어떤 사람이 불을 피워서 쬐고 난 다음에 타고 있는 불을 그대로 두고 어디로 갔다고 합시다. 만약 그 불이 번져서 다른 사람의 임야를 태우면 주인은 그에게 소송을 제기할 것입니다. 이때 불을 낸 사람이 말하기를, "저는 이 사람의 임야에 불을 지른 적이 없습니다. 내가 피운 불은 저 사람의 임야를 태운 불과 다릅니다"라고 말한다면 그 사람의 무죄가 인정되겠습니까?

밀린다왕: 그렇지 않습니다. 그가 어떤 말을 하든 나중의 불은 처음의 불에서 시작된 것이니까요.

나가세나: 바로 그와 같습니다. 이 마음과 몸에 의해 행위가 이루어지고, 그러한 행위로 인해 또 다른 마음과 육체가 다시 태어나는 것입니다. 환생하는 정신과 육체는 이전의 행위의 결과로부터 자유로울 수 없습니다.

"다시 태어나는 것은 명名과 색色뿐"이라는 말은 '태어나는 존재(자아)'가 따로 있는 것이 아니라 여러 인연과 업에 의존해서 정신현상(마음)과 물질현상(몸)이 나타난다는 뜻이다. 그것은 '나'의 마음도 아니고, '나'의 몸도 아니다.

앞서 말했듯이 한 개체의 현생에서의 변화와, 현생과 내생 사이의 변화는 본질적으로 동일하다. 업業은 생각과 말과 신체적 '행위'를 뜻하는 말이지만, 그것이 반복될 때 경향성(行, saṅkhāra), 혹은 관성이 생기고, 이 관성으로 인해 다시 행위가 특정한 방향으로 유도된다. 이렇게 업은 순환적으로 작용한다. 쉽지는 않겠지만 기존의 순환 고리를 끊고 전혀 다른 방식으로 행동할 수도 있을 것이다. "생각이 바뀌면 행동이 바뀌고, 행동이 바뀌면 습관이 바뀌고, 습관이 바뀌면 인격이 바뀌고, 인격이 바뀌면 운명이 바뀐다"는 말이 있는데, 불교적으로 보면 생각과 행동과 습관이 모두 업이다.

당신은 다시 태어나는가

밀린다왕 : 스님은 다시 태어나게 됩니까?

나가세나 : 왜 그런 질문을 하시는지 모르겠습니다. 제가 이미 말씀드렸듯이, 제 마음속에 [애욕과 삶에 대한] 집착을 지닌 채 죽는다면 다시 태어나게 될 것이고, 그렇지 않다면 다시 태어나지 않을 것입니다.

불교적 통찰에 따르면, '나'라는 존재는 21세기가 간절히 원해서 태어난 것이 아니라 나 자신이 간절히 원했기 때문에 태어난 것이다. 단지 그것을 기억하는 사람이 드물 뿐이다. 나는 나의 의지와는 상관없이 '던져진' 것이 아니다.

몸과 마음의 관계

밀린다왕 : 스님께서는 방금 사람의 마음(정신적 요소인 名, nāma)과 몸(물질적 요소인 色, rūpa)에 대해 말씀하셨습니다. 그렇다면 마음은 무엇이고, 육체는 무엇입니까?

나가세나 : 둔탁하고 덩어리진 것은 몸이고, 미묘한 심리작용은 마음입니다.

밀린다왕 : 그 둘은 왜 따로 생겨나지 않고, 늘 함께 생겨납니까?

나가세나 : 몸과 마음은 계란의 노른자와 껍질같이 언제나 서로

의존해서 함께 생겨납니다. 그래서 마음이 없으면 육체도 존재할 수 없고, 육체가 없으면 마음도 존재할 수 없습니다. 이 둘은 아득한 과거로부터 이렇게 함께 존재해왔습니다.

몸과 마음이 서로 의존할 때 '살아 있는 사람'이라고 한다. 몸과 마음을 조금 더 세분하면 오온五蘊이 되고, 더 세분하면 십이처十二處나 십팔계十八界가 되며, 《장자莊子》에 따르면 아홉 개의 구멍과 백 개의 뼈[九竅百骸]가 된다.

설렁탕집 벽에서도 흔하게 볼 수 있는 〈심즉불心卽佛〉이라는 말은 "마음이 바로 부처"라는 뜻이기도 하고, "마음이 바로 깨달음"이라는 뜻이기도 하며, "마음이 곧 우주"라는 말이기도 하다. 그런데 정신과 육체, 마음과 물질의 관계에 대해서 철학자와 심리학자들은 아직도 만족스러운 합의점에 도달하지 못하고 있고, 또 조만간 도달할 희망도 보이지 않는다. 우리 마음은 신경세포와 같은 물질의 물리화학적 반응으로 환원되는 것인가? 아니면 정신과 육체는 서로 다른 것인가? 에반스 웬츠(Evans Wents 1878~1965)는 *The Tibetan Book of the Great Liberation*에서 이렇게 말하고 있다.

……[전략] 티베트에서는 요가의 달인들이 의지력으로 심상心象을 물질화함으로써 우리 눈에 보이는 모든 것이 마음의 작용에 의한 것임을 입증했다. [……] 우리는 유물론자들이 뇌와 마음을 혼동하듯이 마음을 형상이 있는 무엇으로 생각해서는 안 된다. 눈에 보이지 않는 전자파가 라디오에서 소리를 이끌어내듯이 보이지 않는 인간의 마음이 뇌를 활성화시키는 것이다. 그래서 라디오에서 소리가 나고, 활성화된 뇌에서는 생각을 일으킨다. 소리는 단지 라디오를 매체로 하는 진동성 충격 전파의 산물일 뿐이며, 마찬가지로 뇌가 일으킨 사념은 불가사의한(즉 정의할 수 없는 → 인용자) 마음으로부터 뇌에 도달한 진동성 충격 전파의 산물이다. 만일 브라마(Brahma, 인도신화의 창조신 → 인용자)가 아무런 생각을 하지 않았다면 우리가 물질이라고 부르는 것은 있을 수 없고, 발명가가 무엇을 생각해서 그것을 구체화시키지 않는 한 발명품은 없다.

[……] 의식의 우주적 구심점인 '한마음'은 모든 것 속에 존재하는 모든 것이며, 세상에는 그것 이외에는 아무것도 존재하지 않는다(本來無一物 → 인용자). [……] 그것과 따로 떨어져 존재하는 물질이나 우주는 존재하지 않는다. [……] 모든 의식 상태(깨어 있는 상태, 잠든 상태, 최면 상태, 죽음의 상태, 사후의 상태, 환생의 상태)는 참다운 것이 아니라 마음의 환상일 뿐이다. 우리가 딛고 사는 이 단단한 땅덩어리도 꿈속에서 느끼는 것보다 더 단단하거나 더 사실적인

것은 아니다. 돌이 꿈속에서도 깨어 있을 때만큼 단단하게 느껴지는 것은 돌의 단단함이 마음의 개념이기 때문이다. ……[후략]

(《티벳 해탈의 서》, pp. 316~317의 내용을 독자의 이해를 돕기 위해 발췌, 편집, 교열했다.)

시간이란 무엇인가

밀린다왕 : 스님께서는 '아득한 옛날(immemorial time)'이라고 하셨습니다. 대체 시간은 무엇입니까? 과연 '시간'이라고 하는 것이 있습니까?

나가세나 : 시간은 과거, 현재, 미래를 가리킵니다. 시간이 존재하는 경우가 있고, 그렇지 않은 경우가 있습니다. 다시 태어나는 중생에게는 시간이 존재하고, 다시 태어나지 않는 [깨달은] 아라한에게는 시간이 존재하지 않습니다.

밀린다왕 : 훌륭하십니다. 나가세나 스님, 현명한 답변이었습니다.

시간을 의미하는 산스크리트어 '칼라(kala)'는 동시에 죽음을 뜻한다. 시간은 모든 존재하는 것들을 소멸시킨다. 죽어서 다

시 태어나지 않는 [깨달은] 존재에 대해서는 시간이 존재하지 않는다는 것은 의미심장한 말이다. 시간은 의식 내적인 사건이다. [내/외적 사물에 대한] 의식의 변화에 의해 시간이 인지된다. 예컨대, 건물의 붕괴로 인해 의식의 대상이 되는 형상과 소리가 없는 암흑 속에 갇혀 있다가 1주일 만에 구조된 사람은 시간의 경과를 불과 2~3일 정도로 안다. 선정禪定 혹은 삼매 중에는 주객이 통합되어 있어서[心境俱忘] 인식 주관이 객관 대상의 변화를 인식하는 일이 없기 때문에 역시 시간의 흐름을 인지하지 못한다. 불교의 수행담이나 오도송悟道頌을 연구해보면 시간의 소멸, 혹은 망각과 같은 체험이 드물지 않다. 플라톤이 기록한 소크라테스의 행적에도 시간의 흐름을 인지하지 못한 '삼매상태'로 볼 수 있는 사례가 있다.

시간의 근원

밀린다왕 : 과거, 현재, 미래라는 시간의 근원은 무엇입니까?

나가세나 : 무명無明입니다. 무명으로 인해 행行이 있고, 행으로 인해 식識이 있고, 식으로 인해 명색名色이 있고, 명색으로 인해 촉觸이 있고, 촉으로 인해 육입六入이 있고, 육입으로 인해 수受가 있고, 수로 인해 애愛가 있고,

애로 인해 취取가 있고, 취로 인해 유有가 있고, 유로 인해 생生이 있고, 생으로 인해 노사老死와 우비고뇌憂悲苦惱가 있습니다.

무명은 모든 번뇌의 뿌리로서 근본 번뇌라고도 한다. 그런데 왜 무명이 시간의 근원인가? 시간은 바로 의식의 움직임이며, 의식의 움직임으로부터 번뇌가 시작되기 때문이다. 무명 다음으로 이어지는 것은 윤회의 메커니즘인 십이지연기十二支緣起로서 붓다가 깨달은 진리이다. 붓다는 자신의 끝없는 삶의 순환이 어떻게 일어나는지, 그 동력이 무엇인지 통찰한 후 윤회의 수레바퀴를 멈추었다. 그리고 말했다.

"나는 이제 알았다. 집을 짓는 자가 누구라는 것을!"

집이란 중생이라는 개체(앞에서 말한 마음과 몸의 결합체)를 의미한다. 그리고 그것을 짓는 자는 무명無明과 행行에 뿌리를 둔 애愛와 취取이다. 이 둘은 거의 쌍둥이라고 할 수 있으므로 애취愛取로 통칭할 수도 있다. 즉 애욕과 집착이 중생의 개체를 형성하고, 또 이끌어가는 원동력이라는 말이다. 십이지연기는 중요하므로 다시 설명하겠다.

① 무명(無明, ignorance)

밝지 못한 상태라는 것은 진리에 대한 무지를 말한다. 진리는 물론 연기緣起, 공空, 중도中道…… 등이다. 무명을 서두에 두는 까닭은 시간적으로 시초라기보다는 윤회의 근본적인 원인이라는 의미가 있다.

② 행(行, disposition)

진리에 대한 어두움으로 인해 인간의 모든 행위는 특정한 경향성을 갖게 된다. 몸짓이나 말, 생각은 행위[業] 자체로 끝나는 것이 아니라 반복을 통해 습관을 형성하고, 동시에 잠재적인 힘으로 무의식에 저장되어 있다가 조건이 갖추어지면 밖으로 표출되면서 다시 업을 강화한다. 행은 업業이라는 말로 대체할 수 있다.

③ 식(識, consciousness)

특정 성향[行]은 강물을 물들이는 물감처럼 의식을 타고[乘], 혹은 의식을 물들이며[染] 흘러간다. 사람이 죽을 때 육체는 소멸하지만 의식의 흐름은 무상하게 변하면서[不常] 동시에 끊이지 않고[不斷] 이어지는데, 바왕가(bhavaṅga)라고도 한다. 사람이 죽은 후에는 이 식이 다시 의식체意識體, 즉 중음신中陰身을 갖게 된다.

④ 명색(名色, psycho-physical personality)

명名은 정신적 요소를 말하고, 색色은 육체적 요소를 가리킨다. 일정한 경향성을 가지고 흘러가던 의식이 물질적 토대와 결합하여 인간 존재의 초기단계에 접어든다. 구체적으로는, 중음신이라는 의식체[名]가 모태의 수정란[色]과 결합하는 것이다.

⑤ 육입(六入, six sense-perceptions, six sense-organs)

정신적으로나 육체적으로 주위의 자양분을 받아들여 여섯 가지의 감각기관으로 분화된다. 여섯은 눈, 귀, 코, 혀, 몸, 마음이다. 불교에서는 마음도 다른 감각기관과 같이 취급한다.

⑥ 촉(觸, contact)

여섯 가지 지각기관은 그것들에 상응하는 대상과 접촉하게 된다. 눈은 색이나 형체, 귀는 소리, 코는 냄새, 혀는 맛, 몸은 감촉, 마음은 생각이 그 대상이다.

⑦ 수(受, feeling)

감각, 혹은 느낌을 가리킨다. 여섯 가지 감각기관이 그 대상들과 접촉함으로써 감각이 형성된다. 감각은 즐거운 것[樂], 괴로운 것[苦], 괴롭지도 즐겁지도 않은 것[不苦不樂 = 無記] 등으로 분류된다.

⑧ 애(愛, craving)

감각에 대한 애착이 일어난다. 즐거운 것에 대해서는 끝없이 향유하려는 탐욕이 일어나고, 괴로운 것에 대해서는 싫어하고 미워하는 마음이 일어난다. 좋고 싫음에 대한 분별과 집착이 이후의 단계를 지배하여 괴로움을 낳고, 윤회의 원동력이 된다.

⑨ 취(取, grasping)

탐욕과 증오에 따라 대상을 취하거나 버린다. 전 단계[愛]의 연속으로 더 강화된 형태이다. 보통 애취愛取로 통칭하기도 한다.

⑩ 유(有, becoming 혹은 existence)

이러한 과정을 거치면서 한 개체로서 완성된다. 즉 자기를 하나의 독립된 실체로 착각하게 된다. 전 단계인 집착은 현존재의 구성요건이자 다음 생을 위한 필요충분 조건이 된다.

⑪ 생(生, birth)

애욕과 집착의 힘에 의해 또 다른 생이 이어진다.

⑫ 노사(老死, aging and death), 우비고뇌憂悲苦惱

한 번 태어난 이상 늙고 죽는 것은 피할 수 없다. 죽으면 사후의 의식은 또다시 새로운 물질적 토대를 찾는다.

우비고뇌憂悲苦惱는 이러한 생의 흐름은 오직 근심과 비탄과 고통과 슬픔을 낳을 뿐이라는 것이다. 물론 깨어 있지 못한 삶에서 그렇다는 말이다. 이 모든 과정에 내재되어 있는 것이 진리에 대한 무지, 즉 무명이다. 이것은 십이지연기에 대한 여러 해석 중에서 ①~③을 과거생, ④~⑩을 현생, ⑪, ⑫를 미래생으로 보는 견해[三世兩重因果]를 취한 것이다.

앞에서 말했듯이 의식의 변화가 없으면 시간은 존재할 수 없다. 변화하는 인식 주관이 변화하는 객관 대상을 인식함으로써 시간이 탄생한다. 〈대승기신론〉의 이른바 무명[無明業相]으로 인한 보는 작용[能見相]과 보이는 대상[境界相]의 분열이다. 나가세나가 무명을 시간의 근원이라고 한 것은 시작도 끝도 없는 순환[십이지연기]의 출발점이기도 하지만, 생각을 일으키는 중생의 마음[生滅心]이 곧 무명이기 때문이다.

사물의 시원1

밀린다 왕 : 스님께서는 사물의 궁극적 시초는 알 수 없다고 하셨습니다. 예를 들어 설명해주시면 감사하겠습니다.

나가세나 : 붓다께서는 "육근(六根, 여섯 가지 감각기능)과 육경(六境,

여섯 가지 감각대상)을 원인으로 해서 촉(觸, 감각기능과 감각대상의 부딪힘)이 일어나고, 촉을 원인으로 수(受, 느낌)가 일어나고, 수를 원인으로 애愛가 일어나고, 애를 원인으로 취取가 일어나고, 취를 원인으로 업業을 짓는다. 그리고 업은 다시 육근을 일으킨다"고 하셨습니다. 이러한 순환구조의 끝이 있겠습니까?

밀린다왕 : 끝이 없습니다.

나가세나 : 바로 그렇습니다. 대왕이시여, 결국 사물의 궁극적 시원은 알 수 없는 것입니다.

"업을 짓는다"는 것은 "생각과 말과 몸으로 행위를 한다"는 것이므로 그 자체로 나쁜 뜻은 없다. 좋은 업도 얼마든지 있을 수 있다. 그러나 위에서 보듯이 모든 행위[業]는 '순수' 행위가 아니라 아욕(我慾 = 私慾)과 삼독三毒에 물들어 있다. 사주명리四柱命理라는 것도 결국 특정한 성향을 가진 사람이 특정한 환경에서 아욕我慾을 어디로 향하는지 가늠하는 술법이다.

여기서는 "업이 다시 육근을 일으킨다"는 순환과정을 주목할 필요가 있다. 모든 중생의 감각기능은 그 중생의 특별한 업에 의해서 형성된다. 개나 돼지의 감각기능도 결국 업에 의해 형성된 것이고, 이렇게 형성된 기능은 다시 반복된 행위를 통해 나선구조로 업을 확대 재생산한다. 원주圓周에는 시작점과 끝점이 없다.

사물의 시원2

밀린다왕 : 모든 사물의 궁극적 시초는 알 수 없는 것입니까?

나가세나 : 어떤 것의 시초는 알 수 있고, 어떤 것의 시초는 알 수 없습니다.

밀린다왕 : 설명을 부탁드립니다.

나가세나 : 무명의 선행조건은 없는 것같이 보입니다. 이 경우에는 궁극적 시초를 알 수 없습니다. 그러나 이전에 존재하지 않았던 사물은 생기자마자 다시 사라집니다. 이 경우에는 그 사물의 시초를 알 수 있습니다.

시간적 시초와 영원, 그리고 공간적 한계와 무한은 인간의 인식과 경험을 초월해 있으므로 언어와 사유의 영역이 아니다. 붓다는 이러한 형이상학적 물음이 고통의 소멸과 해탈에 아무런 도움이 되지 않는 무익한 탐구라고 생각했다. 붓다의 이러한 태도를 무기無記라고 하는데 '독화살의 비유'가 유명하다. 요지는

독화살에 맞은 사람에게 중요한 것은 그것을 빨리 뽑아내고 치료하는 것이지 독화살을 쏜 사람이 누군지, 독과 화살의 재료는 무엇인지 따질 겨를이 없다는 것이다. 중생은 이미 삶과 죽음의 괴로움이라는 운명의 독화살을 맞은 존재이다.

윤회의 양상

밀린다왕 : 사람이 죽은 후에 다른 세상으로 옮겨가지 않는데도 다시 태어난다는 것입니까?

나가세나 : 그렇습니다. 어떤 사람이 이 등잔의 불을 저 등잔에 붙였을 때 '실제로' 옮겨가는 것이 없는 것과 같습니다. 또 어떤 학생이 선생님으로부터 시를 배웠을 때 그 시가 선생님으로부터 학생에게 옮겨가지 않은 것과 같습니다.

이것은 무아와 윤회의 실상을 보여주는 매우 적절하고도 재치 있는 비유이다. 많은 사람들이 생각하듯이 무아와 윤회는 상충하지 않는다. 무아를 정확하게 이해하면 전혀 문제될 것이 없다. 이 문제는 〈부록〉("'내'가 없는데 누가 윤회하는가")에서 자세히 다루게

될 것이다.

업과 윤회

밀린다왕 : 윤회할 때 현생의 몸에서 내생의 몸으로 옮겨가는 것이 있습니까?

나가세나 : 그런 건 없습니다.

밀린다왕 : 그렇다면, 악행의 결과[業報]로부터 자유로울 수 있겠습니까?

나가세나 : 그렇습니다. 만약 환생하지 않는다면 악업에서 벗어날 수가 있습니다. 그러나 내생에 다시 태어나기 때문에 업보를 피할 수 없는 것입니다. 이 몸과 마음[名色]으로 선하거나 악한 행위를 하면, 그 업으로 인해 또 다른 몸과 마음이 다시 태어나게 됩니다. 그래서 다음 생에서 악행의 업보를 받게 되는 것입니다.

밀린다왕 : 예를 들어 설명해주십시오.

나가세나 : 만약 어떤 도둑이 다른 사람의 망고를 훔친다면, 그 도둑은 벌을 받습니까?

밀린다왕 : 그렇겠지요.

나가세나 : 그 망고는 주인이 심은 그 망고가 아닙니다. 그런데

어떻게 도둑이 벌을 받아야 합니까?

밀린다왕 : 도둑이 훔친 망고가 애초에 심은 망고의 결과물이기 때문입니다.

나가세나 : 바로 그렇습니다. 이 몸과 마음으로 선행이나 악행을 하면 그 업보로 또 다른 몸과 마음이 태어나게 됩니다. 그래서 이 몸과 마음은 악행으로부터 자유롭지 못한 것입니다.

이 문답의 앞부분은 모호한 데가 있다. 여러 판본을 검토해도 마찬가지이다. 그래서 전체 맥락을 살펴서 서두의 두 차례 문답 요지를 재정리해보면 다음과 같다.

밀린다왕 : 사람이 환생할 때 이생에서 다음 생으로 옮겨가는 것이 있는가?

나가세나 : 없다. 앞서 등잔불의 예를 들지 않았는가?

밀린다왕 : 그렇다면 이생에서 악업을 지어도 다음 생에서 과보를 받지 않는다는 말인가?

나가세나 : 다음 생에 다시 태어나지 않는다면(즉 해탈을 한다면) 다음 생에서 악행의 과보를 받지 않겠지만, 다음 생에 태어나게 된다면 반드시 과보를 받는다…….

여기서 '몸과 마음'은 '명(名, nāma, mind)과 색(色, rūpa, body)', 즉 명색(nāma-rūpa)을 번역한 것인데, 정신-육체 통합체로서의 인간 존재를 가리킨다.

인과응보因果應報의 법칙은 "선한 행위는 선한 결과를 얻고, 악한 행위는 악한 결과를 얻는다[善因善果 惡因惡果]"는 것인데, 나가세나의 비유에서 보듯이 선과 악이라는 가치판단 이전에 원인과 결과가 동류同類라고 보는 편이 맞을 것이다. 붓다 자신도 현생의 상황을 전생의 특정 행위의 결과로 해석하는 사례가 적지 않은데, 그 인과율이라는 것이 "물건을 훔친 자는 도둑을 맞는다"는 식으로 기계적으로 적용할 수 있는 것도 아니고, 결과가 나타나는 시기도 알 수 없기 때문에(몇 생이 지난 후에 나타나는 수도 있다고 한다) 숙명통宿命通이나 천안통天眼通이 아니면 알 수 없다는 게 내 생각이다.

환생한다는 것을 미리 아는가

밀린다왕 : 다시 환생하게 될 존재는 그 사실을 압니까?

나가세나 : 예, 알 것입니다. 그것은 마치 밭에 씨앗을 뿌린 농부가 비가 내리는 걸 보고 작물이 자랄 것을 아는 것과 같습니다.

두 가지 해석이 가능하다.

하나는 죽기 직전, 혹은 죽고 나서 환생하기 직전에 그것을 알게 된다는 의미로 볼 수도 있고, 또 하나는 '모든 것을 아는' 우리의 무의식은 이미 그것을 알고 있다는 의미로 해석할 수도 있다.

윤회의 지속

밀린다왕 : 어떤 사람이 죽어서 범천에 다시 태어나고, 또 다른 사람이 같은 시각에 죽어서 인도의 카슈미르에 다시 태어난다고 할 때, 두 사람 중 누가 더 빨리 태어나게 되겠습니까?

나가세나 : 여기서 대왕의 고향까지의 거리는 얼마나 됩니까?

밀린다왕 : 200요자나입니다.

나가세나 : 카슈미르까지는 얼마나 됩니까?

밀린다왕 : 12요자나입니다.

나가세나 : 대왕님의 고향과 카슈미르 중에 어느 쪽이 빨리 생각났습니까?

밀린다왕 : 둘 다 순식간에 생각났습니다.

나가세나 : 바로 그렇습니다. 같은 시각에 죽은 두 사람은 태어나

는 곳이 어디든 동시에 태어나게 되는 것입니다.

중음신이 인연 있는 부모를 찾아갈 때, 그곳이 어디든 아무리 먼 곳이라도 '생각하는 순간' 바로 이를 수 있다고 한다.

윤회의 정의

밀린다왕 : 윤회(saṃsāra)는 어떤 것입니까?

나가세나 : 누구든 여기서 태어난 사람은 여기서 죽고, 다른 곳에서 다시 태어나는 것입니다. 그리고 다른 곳에서 태어난 사람 역시 거기서 죽고, 어딘가에서 또다시 태어나는 것입니다.

밀린다왕 : 비유를 들어주십시오.

나가세나 : 어떤 사람이 망고를 먹고 그 씨앗을 심으면 망고나무가 성장해서 열매를 맺을 것입니다. 그 열매를 먹고 또 씨를 심으면 다시 망고나무가 자라고 또 열매를 맺을 것인데 이러한 과정은 끝없이 이어질 것입니다. 윤회도 그와 같습니다.

망고나무의 비유는 축자적으로 해석할 필요는 없다. 사람이 죽으면 정신과 육체, 즉 명색名色 가운데 색(色, 육체)은 불에 타거나 땅에서 썩거나 새나 짐승의 먹이가 된다. 그러나 명(名, 정신)은 환경과 조건에 따라 변화하면서 흘러간다. 이 명名을 의식의 흐름인 바왕가(bhavaṅga)로 볼 수 있다.

업

업의 분화

밀린다왕 : 다섯 가지 감각기능은 여러 가지 다른 업에서 생겨납니까, 아니면 동일한 업에서 생겨납니까?

나가세나 : 각기 다른 업에서 생겨납니다.

밀린다왕 : 비유를 들어 설명해주십시오.

나가세나 : 농부가 다섯 가지 씨앗을 밭에 뿌렸을 때 다섯 가지 작물을 수확하는 것과 같습니다.

'감각작용'은 산스크리트어 āyatana(영어로 sense bases)를 옮긴 것이다. 불교는 실체를 인정하지 않으므로 '감각기관'이라는 번역은 오해의 소지가 있다. '감각작용'이라는 번역어도 본체[體]의 작

용[用]이라는 측면에서는 실체론에 속한다. 물론 기관이든 작용이든 통칭[世諦]이라는 것만 염두에 두면 문제는 없다. 감각 역시 여러 조건들이 화합해서 일시적으로 나타나는 연기적 현상이다.

다양한 초기 생명체가 분화하면서 감각기관이 생겨나는 순서는 환경이나 필요에 따라 서로 달랐을 것이다. 다들 먹어야 했기 때문에 입은 모든 생명체에서 가장 먼저 생겼을 것이라고 추정할 수 있지만 특별한 예외도 있을 것이다. 언젠가 생명의 진화단계에서 눈이 생겨나는 과정에 대해 들은 적이 있는데, 생명체의 '필요에 의해' 피부의 일부분이 빛에 대한 감수성이 발달하면서 점차 눈이 생겨났다는 것이다. 그러므로 다섯 감각기관은 제각기 서로 다른 필요와 욕구(즉 업)에 의해 생겨났을 것이다.

업의 차별

밀린다왕 : 나가세나 스님, 어째서 모든 사람이 각기 다릅니까? 어떤 사람은 단명하고 어떤 사람은 오래 삽니다. 어떤 사람은 병약하고 또 어떤 사람은 건강합니다. 어떤 사람은 못나고 어떤 사람은 잘 생겼습니다. 어떤 사람은 힘이 약하고 어떤 사람은 힘이 셉니다. 어떤 사람은

가난하고 어떤 사람은 부유합니다. 어떤 사람은 천민으로 태어나고 어떤 사람은 귀족으로 태어납니다. 어떤 사람은 어리석고 어떤 사람은 현명합니다.

나가세나 : 그럼 어째서 모든 수목들이 똑같지 않습니까?

밀린다왕 : 제각기 씨앗이 다르기 때문입니다.

나가세나 : 바로 그렇습니다. 사람들은 제각기 업이 다르기 때문에 같지 않은 것입니다. 붓다께서는 이렇게 말씀하셨습니다.

"모든 존재는 제각기 자신의 업을 갖고 그것을 이어가는 것이다. 업을 모체로 하고, 업을 친족으로 삼고, 업에 의지하고 산다. 모든 존재는 업에 의해 천하거나 귀하게 나뉘는 것이다." (M. iii. 203. cf. A. v. 87, 288.)

"업을 모체로 한다"는 것은 모든 개체가 유전流轉해온 업의 씨앗으로부터 자라난 것이라는 뜻도 되고, 모든 존재의 시간적, 논리적 시초가 진리에 대한 근본 무지인 무명업無明業이라는 말도 된다. "업을 친족으로 한다"는 것은 중생은 늘 업 속에서 살며, 의식적이든 무의식적이든 일거수일투족을 업과 영향을 주고받으며 삶을 이어간다는 말이다. "업에 의지한다"는 말은 "업을 귀의

처(refuge)로 삼는다"는 뜻이다. 업은 시작을 알 수 없는 오랜 과거로부터 반복되어온 행위의 결과이기 때문에 개체에게 익숙한 것이고 편안한 것이며, 즐거운 것이다. 그래서 나는 중생을 '업을 즐기는 존재'로 정의한다. 이것은 중생으로서 뼈아픈 진실이다.

노력한다는 것

밀린다왕 : 스님께서는 앞서 "지금의 괴로움은 사라지게 하고, 앞으로의 괴로움은 더이상 생겨나지 않도록 정진한다"고 말씀하셨습니다. 그러면 미리 노력해야 합니까, 아니면 괴로움이 닥쳤을 때 비로소 노력해야 합니까?

나가세나 : 일이 닥쳐서 노력한다면 미리 해야 할 일을 하지 않은 것입니다.

밀린다왕 : 예를 들어주십시오.

나가세나 : 대왕께서는 전쟁이 일어난 뒤에 참호를 파고, 보루를 쌓고, 성문과 망루를 세우고, 군량미를 걷도록 하겠습니까?

밀린다왕 : 절대로 그렇게 해서는 안 됩니다.

나가세나 : 그렇습니다. 일이 닥쳐서 노력한다면 미리 해야 할 일을 하지 않은 것입니다.

불교의 수행은 여덟 가지 바른 길[八正道]을 벗어나지 않는다. 그중에서 바른 노력, 혹은 바른 정진[正精進]은 다음과 같이 정의된다.

"이미 생겨난 악惡은 없애고, 앞으로 악이 더이상 생겨나지 않게 노력하는 것, 이미 생겨난 선善은 사라지지 않게 하고, 앞으로 선이 더 생겨나게 노력하는 것"이다. 여기서는 선악 대신 괴로움[苦]을 들었다.

업의 힘

밀린다왕 : 당신들은 지옥의 불이 집채만 한 바위도 순식간에 태워버릴 정도로 강하다고 말합니다. 그런데 또 말하기를, 지옥에 태어난 중생들이 수십, 수백만 년 동안 불에 타고 또 타지만 타서 없어지지는 않는다고들 합니다. 제가 그 말을 어떻게 믿을 수 있겠습니까?

나가세나 : 세상의 암컷들이 먹은 온갖 종류의 음식과 뼈와 심지어 모래와 돌까지 뱃속에서 다 녹아 없어지지만, 자궁 속에 있는 새끼는 녹아 없어지지 않습니다. 그와 같이 지옥 중생들도 그들의 업의 영향으로 불에 타도 소멸

되지 않는 것입니다.

유식철학에서 "모든 사물은 오직 의식(의 전개)[萬法唯識]"이라고 하고 "오직 의식이 존재할 뿐 대상 세계는 존재하지 않는다[唯識無境]"는 원리를 설명하기 위해 "지옥의 중생을 다 태우는 거대한 불길에도 지옥을 지키는 문지기는 불에 타지 않는" 사례를 든다. 지옥의 불길도 지옥 중생의 업식[業識 = 業]에 그렇게 비치는 것이지 외계에 실체로 존재하는 것이 아니라는 말이다. 즉 지옥의 불도 공空하다.

업의 소재

밀린다왕 : 몸과 마음[名色]으로 선행이나 악행을 저지르면 그 업은 어디에 남아 있습니까?

나가세나 : 마치 그림자가 형체를 떠나지 않는 것처럼 그 업은 몸과 마음을 따라다닙니다. 그러나 과일이 생겨나기 전에 그 과일이 어디에 있다고 가리킬 수 없는 것처럼 "업이 여기, 혹은 저기에 있다"고 말할 수는 없습니다.

굳이 말하자면, 행위의 여력으로서의 업이란 것은 의식의 흐름(bhavaṅga)을 타고 흘러갈 것이다. 그렇다면 의식과 업은 하나인가, 둘인가? 생선을 묶은 새끼줄에 비린내가 배었다면 비린내와 새끼줄은 하나인가, 둘인가? 향을 싼 종이에서 향내가 난다면 향내와 종이는 하나인가, 둘인가? 실상은 불가사의한 것이다.

마 음

지식과 지혜

밀린다왕 : 지식(nana)이 생기는 사람에게 지혜(paññā)도 생깁니까?

나가세나 : 그렇습니다.

밀린다왕 : 그렇다면 지식과 지혜는 같은 것입니까?

나가세나 : 그렇습니다.

여기서 말하는 지식(nana)은 지혜(paññā)에 대립되는 분별지(viññāṇa)가 아니다. nana 역시 진실(truth), 혹은 실재(reality)에 대한 지식이기 때문에 지혜라고 번역되기도 한다. wisdom으로 번역되는 paññā는 진리에 대한 통찰지洞察智이므로 지혜로 번역했다.

나가세나는 지식과 지혜가 '아는 작용'에서 같다고 보고, 둘의 차이를 논하고 있지는 않다.

밀린다왕 : 지식과 지혜를 가진 사람도 무지할 수 있습니까?

나가세나 : 그 사람(깨달은 사람)도 배우지 않은 것은 알지 못할 것입니다. 그러나 지혜에 의해 알게 된 것, 즉 무상無常, 고苦, 무아無我의 진리는 잃어버리지 않을 것입니다.

지식(nana)과 지혜(pańñā)로 통찰한 진리는 한 번 얻으면 영원히 잃어버리지 않는다. 그래서 '일득영득一得永得'이라고 한다.

밀린다왕 : 이때 그 사람의 무지는 어떻게 되었습니까?

나가세나 : 지식(=지혜)이 생기는 순간 무지는 사라집니다. 그것은 빛이 있을 때 어둠이 사라지는 것과 같습니다.

밀린다왕 : 지혜(지식)는 어떻게 되었습니까?

나가세나 : 지혜는 할 일을 마치면 바로 사라집니다. 그러나 무상無常, 고苦, 무아無我에 대한 그 사람의 이해는 사라지지 않습니다.

밀린다왕 : 예를 들어 설명해주십시오.

나가세나 : 어떤 사람이 밤에 등불을 켜고 편지를 쓰는 것에 비유

할 수 있습니다. 그 사람이 편지를 다 쓰고 불을 끈 후에도 그 편지는 그대로 남습니다. 마찬가지로, 지혜가 사라져도 진리에 대한 통찰은 남아 있습니다.

"지혜가 사라진다"는 표현은 주의를 요한다. 이 말은 지혜가 없어져서 어리석게 된다는 의미가 아니고, 지혜(=지식=의식)는 잠재된 형태로 흐르다가 '대상이 나타나면 따라(대상에 의존해서 연기적으로)' 나타나서 작용하고 다시 잠재한다는 말이다.

선악과 고락

밀린다왕: 선善한 상태가 즐겁습니까, 악惡한 상태가 즐겁습니까, 혹은 이도 저도 아닌[無記] 상태가 즐겁습니까?

나가세나: 선한 상태일 수도 있고, 악한 상태일 수도 있으며, 무기인 상태일 수도 있습니다.

밀린다왕: 그러나, 나가세나 스님, 만약 선한 상태가 고통스럽지 않고 고통스러운 상태가 선하지 않다면, 고통스러운 선한 상태는 있을 수 없을 것입니다.

페살라(Bhikkhu Pesala)에 따르면, "선한 행위는 결과적으로 고통스럽지 않지만 우리는 집착과 증오심 때문에 선행을 하기 어렵다. 우리를 고통스럽게 하는 것은 선행이 아니라 번뇌다. 선하지 못한 행위는 결과적으로 고통스럽지만 우리는 미망과 무지로 인해 그런 행위를 즐긴다." (*An Abridgement of Milindapañha*)

나가세나 : 대왕께서는 어떻게 생각하십니까? 만약 어떤 사람이 한 손에는 뜨거운 쇠를 잡고, 다른 손에는 차가운 얼음덩어리를 잡고 있다면 양손 모두 고통을 느끼지 않을까요?

밀린다왕 : 당연히 그렇겠지요.

나가세나 : 그렇다면 대왕의 전제는 잘못되었습니다. 만약 양손 다 뜨겁지 않은데 뜨거운 쇠를 쥔 손이 고통스럽고, 양손 다 차갑지 않은데 얼음을 잡은 손이 고통을 느낀다면 고통은 뜨거움이나 차가움에 기인한 것이 아닙니다.

양손에 각각 뜨거운 것과 차가운 것을 든 사람의 경우, 뜨거움이 고통을 준다면 양손 다 고통을 느끼는 일은 있을 수 없고, 차

가움이 고통을 준다면 양손 모두 고통을 느끼지는 않을 것이다. 이 말은 뜨거움만 고통을 주거나 차가움만 고통을 주는 것은 아니고 둘 다 고통을 준다는 말이다. 애초의 밀린다 왕의 질문('선한 상태는 즐거울 것이다')을 상기하면, 선한 상태만 즐거움을 주거나 악한 상태만 고통을 주는 것은 아니라는 뜻이다. 선해도 즐겁거나 고통스러울 수 있고, 악해도 그럴 것이라는 비유이다.

밀린다 왕 : 저는 스님과 논쟁할 수가 없습니다. 부연설명을 부탁드립니다.

(그러자 나가세나는 밀린다 왕에게 아비담마[Abhidhamma]를 설명했다.)

나가세나 : 세간의 6가지 즐거움과 출세간의 6가지 즐거움이 있고, 세간의 6가지 슬픔과 출세간의 6가지 슬픔이 있으며, 세간의 6가지 무기(無記, 즐겁지도 않고 괴롭지도 않은 느낌)와 출세간의 6가지 무기가 있어서 모두 36가지가 됩니다. 그리고 이 36가지 느낌이 과거, 현재, 미래에 각각 있기 때문에 전부 108가지 느낌이 있습니다.

언뜻 보면 마지막 문단은 위의 논의와는 별 관련이 없어 보이지만 그렇지 않다. 뜨거운 쇠와 차가운 얼음을 들어서 까다로운 논리를 구사하는 듯해도 나가세나의 논지는 단순하다. 선한 상

태든 악한 상태든 고통스러울 수도 있고, 즐거울 수도 있다는 것이다. 끝에서 아비담마 심리학을 제시한 것은 출세간의 청정한 삶(즉 선한 상태)에도 6가지 즐거움과 6가지 고통과 6가지 무기가 있음을 보여주기 위한 것이다.

인식의 발생1

밀린다왕 : 의식(意識, mind-consciousness)은 안식(眼識, eye-consciousness)이 일어날 때마다 일어납니까?

불교의 인식론의 기초를 말하는 것이다. 도해하면 다음과 같다.

〈1군 : 감각기능〉	〈2군 : 감각대상〉	〈3군 : 감각의식〉
1. 눈[眼]	형상[色]	눈의 의식[眼識]
2. 귀[耳]	소리[聲]	귀의 의식[耳識]
3. 코[鼻]	냄새[香]	코의 의식[鼻識]
4. 혀[舌]	맛[味]	혀의 의식[舌識]
5. 몸[身]	촉감[觸]	몸의 의식[身識]
6. 마음[意]	관념[法]	마음의 의식[意識]

이 18가지[十八界]가 세상에 존재하는 전부다. 그런데 세 번째 그룹(3군)은 앞의 두 그룹에서 발생한 것이므로 정확하게 말하면 세상에 존재하는 모든 것은 열두 가지 범주(1군과 2군) 안에 있다. 잘 생각해보면 그 말이 옳다는 것을 알게 될 것이다. 밀린다 왕은 〈1군〉의 다섯 가지(1~5) 감각기능이 작용할 때 〈3군〉의 여섯 번째 의식意識이 동시에 일어나는가 묻는 것이다. 의식은 모든 감각에 작용해서 대상을 인식한다.

나가세나 : 그렇습니다. '이것'이 있을 때 '저것'이 있습니다.

밀린다왕 : 어떤 것이 먼저 일어납니까?

나가세나 : 안식이 먼저 일어나고 다음에 의식이 일어납니다.

밀린다왕 : 안식이 의식에게 일어나라고 명합니까?

나가세나 : 그렇지 않습니다. 둘은 서로 소통하지 않습니다.

밀린다왕 : 그렇다면 어째서 안식 등이 일어날 때마다 의식이 따라서 일어나는 것입니까?

나가세나 : 둘 사이에는 그런 경향, 계기, 습관, 연관성이 있습니다.

밀린다왕 : 예를 들어주시기 바랍니다.

나가세나 : 만약 대왕의 도성이 높은 벽으로 둘러싸여 있고, 관문이 하나밖에 없을 때, 성 밖을 나가려는 A라는 사람은 어디로 가겠습니까?

밀린다왕 : 그 관문으로 가겠지요.

나가세나 : 그 사람이 아닌 B라는 사람은 어디로 가겠습니까?

밀린다왕 : 그 사람도 역시 그 관문으로 갈 것입니다.

나가세나 : 그러면 이때 A라는 사람이 B더러 "내가 나간 관문으로 나가시오"라고 말해줍니까? 아니면, B가 A더러 "나는 당신과 같은 문으로 나가겠소"라고 말합니까?

밀린다왕 : 그렇지 않습니다. 둘 사이에는 아무런 소통이 없습니다.

나가세나 : 마찬가지로 의식은 안식이 일어날 때마다 따라서 일어나지만 둘 사이에는 아무런 소통이 없습니다.

눈이 대상을 볼 때 시각[眼識]이 형성되는데, 이때 의식意識이 함께 일어나지 않으면 시각의 대상에 대해 알 수가 없다.《대학大學》 제7장에 "마음이 없으면 보아도 보이지 않는다[心不在焉 視而不見]"는 말이 있는데, 여기서는 사물을 볼 때 마음도 반드시 따라 일어난다고 말한다. 나가세나의 입장에서 말하자면, 마음이 없을 때는 보아도 보이지 않는 것은 맞지만, 정확하게 말하면 보았지만 의식을 하지 못하는(혹은 않는) 것이라고 할 수 있다. 일례로 교통사고 피해자가 가해 차량에 대해 아무런 기억이 없다고 해도 최면을 통해 차량의 번호판을 알아내는 수도 있다.

그런데 안식이 생길 때 의식이 따라 일어나는 것이 왜 문제가 되는가?

나가세나의 대답을 자세히 살펴보면, 우리가 사물을 보는 행위에서도 연기, 무아, 무상의 이치가 그대로 드러난다는 것을 알 수 있다. 눈으로 사물을 보고, 그것을 인식하는 과정은 '이것'이 일어나면 '저것'이 일어나는 자발적인 연쇄[緣起]이며, 그것을 '통제하거나 보는 자'가 없이[無我] 끊임없이 변화해가는 것[無常]이다.

인식의 발생2

밀린다왕 : 의식(意識, mano-viññāṇa, mind-consciousness)이 있으면 언제나 접촉[觸, phassa, contact]과 느낌[受, vedana, feeling]이 있습니까?

나가세나 : 그렇습니다. 의식이 있으면 접촉과 느낌이 있습니다. 그리고 지각(想, saññā, perception)과 의사(意思, cetanā, intention)와 심(尋, vitakka, initial application)과 사(伺, vicāra, sustained application)도 있게 됩니다.

괄호 속 용어 표기는 '(한자-빨리어-영어)' 순이다. 아비담마(이른바 소승불교) 교학이라서 산스크리트어 대신 빨리어를 쓴다. 둘 사이의 발음 차이가 엉뚱할 정도로 크지는 않다. 심(尋, vitakka)은 명상 과정에서 대상에 대해 주의를 기울이는 것을 말하고, 사(伺, vicāra)는 그것의 지속을 가리킨다. 뒤에 그 의미를 보여주는 비유가 나온다. 특정 철학에서 사용하는 개념의 의미와 관계를 명확하게 아는 것이 철학 공부의 전부라고 해도 과언이 아니다. 그런 의미에서 불교 인식론의 기본 개념에 대한 나가세나의 여러 비유는 매우 유익하다.

밀린다왕 : 접촉(觸, phassa, contact)의 특징은 무엇입니까?

나가세나 : 닿는 것(touching)입니다.

밀린다왕 : 예를 들어주십시오.

나가세나 : 숫양 두 마리가 서로 들이받을 때 한 마리의 양은 눈(eye)이라고 하고 다른 양은 보이는 대상이라고 할 때 그 둘이 들이받는 것이 접촉[觸]입니다.

두 양이 싸울 때 왼쪽 양이 눈(eye)이고 오른쪽 양이 대상이라면 둘이 부딪힐 때 안식眼識이 일어난다. 이렇게 세 가지가 모이

는 것[三事和合]이 촉(觸, phassa, contact)이다.

느낌의 특성

밀린다왕 : 느낌(受, vedāna, feeling)의 특징은 무엇입니까?

나가세나 : 경험되는 것, 향유하는 것입니다.

밀린다왕 : 예를 들어주십시오.

나가세나 : 왕의 종이었던 사람이 관직에 임용되어서 그 혜택을 누리는 것과 같습니다.

지각의 특성

밀린다왕 : 지각(想, saññā, perception)의 특징은 무엇입니까?

나가세나 : 청색과 노란색과 붉은색을 [구분해서] 아는 것입니다.

밀린다왕 : 예를 들어주십시오.

나가세나 : 왕의 회계사가 색깔과 형태를 보고 왕의 보물을 알아보는 것과 같습니다.

---

saññā(想), viññāna(識), paññā(智)는 금화를 본 아이와 어른과 환전상에 비유될 수 있다. 아이는 그것이 둥글고 빛난다는 것을 알고(想, saññā), 그것이 전부다. 그런데 어른은 그것이 가치가 있다는 것을 안다(viññāna, 識). 그러나 환전상은 금화에 대한 모든 것을 다 안다(paññā, 智)(vism 437. 참조).

상想은 표상으로 번역되기도 하는데, 아이와 같이 단순하게 사물을 알아보는 기능이므로 지각知覺이라고 번역하는 것이 더 맞을 것 같다.

의사의 특성

밀린다왕 : 의사(意思, cetāna, intention)의 특징은 무엇입니까?

나가세나 : 도모하고 준비하는 것입니다.

밀린다왕 : 예를 들어주십시오.

나가세나 : 독약을 준비하고 마신 사람이 고통을 느끼는 것과 같이, 어떤 나쁜 행위를 생각하고 그것을 행한 사람이 나중에 지옥에서 고통을 받는 것과 같습니다.

식의 특성

밀린다왕 : 식(識, viññāna, consciouness)의 특징은 무엇입니까?

나가세나 : 식별(구별해서 아는 것)하는 것입니다.

밀린다왕 : 예를 들어주십시오.

나가세나 : 도시의 네거리 가운데 서 있는 파수꾼이 다가오고 있는 사람이 어느 방향에서 오는지 아는 것과 같습니다. 사람이 대상을 보고, 소리를 듣고, 냄새를 맡고, 맛을 보고, 촉감을 느끼고, 관념을 이해하는 것은 모두 식識에 의해 아는 것입니다.

심의 특성

밀린다왕 : 심(尋, vitakka, initial application)의 특징은 무엇입니까?

나가세나 : 고정하는 것(fixing)입니다.

밀린다왕 : 비유를 들어주십시오.

나가세나 : 목수가 장부[枘, tenon]를 장부 구멍에 정확하게 맞춰 끼우듯이, 고정하는 것이 심의 특징입니다.

장부는 못을 쓰지 않고 목재를 결합하기 위해 깎아서 만든 돌기를 말한다.

심尋과 사伺는 선정禪定의 초기단계이다. 간단히 말해서 심은 집중의 대상에 마음을 향하는 것이고, 사는 그 대상에 마음이 머무는 것을 말한다. 〈청정도론〉의 비유에 의하면 심의 기능은 마음으로 대상을 '타작하듯 두드려 패는 것'이고, 사는 대상의 '심해深海에 마음의 닻을 내려놓는' 것이다.

사의 특성

밀린다왕 : 사(伺, vicāra, sustained application)의 특징은 무엇입니까?

나가세나 : 반복해서 검사하는 것입니다.

밀린다왕 : 예를 들어주십시오.

나가세나 : 징을 치는 것은 심尋이고, 그 여운은 사伺입니다.

인식작용1

밀린다왕 : 이러한 일련의 과정을 따로 분리할 수 있습니까? 말

하자면, "이것은 접촉이고, 이것은 느낌이고, 이것은 지각이고, 이것은 의사이고, 이것은 식이고, 이것은 심이고, 이것은 사다"라고 구분할 수 있습니까?

나가세나 : 아니요, 그럴 수 없습니다. 요리사가 응유(凝乳, 발효시킨 우유)와 소금, 생강, 쿠민(cumin) 씨앗, 후추가 든 수프를 요리할 때, 쿠민의 맛을 끄집어내서 "이것은 쿠민의 맛이다"라거나, 소금의 맛을 분리해서 "이것은 소금 맛이다"라고 말할 수는 없습니다. 그렇지만, 각 재료는 수프 속에서 제각기 특징적인 맛을 내고 있는 것입니다.

인식작용2

이어서 나가세나 스님이 왕에게 물었다.

나가세나 : 소금을 눈으로 분간할 수 있습니까?

밀린다왕 : 예, 그렇습니다.

나가세나 : 좀더 신중하게 말씀하시기 바랍니다.

밀린다왕 : 그럼…… 혀로 분간할 수 있다고 해야겠군요.

나가세나 : 그렇습니다.

밀린다왕 : 그런데, 스님, 모든 종류의 소금을 오직 혀로만(즉 맛으로만) 분간할 수 있습니까?

나가세나 : 예, 그렇습니다.

밀린다왕 : 그러면 어째서 소가 무거운 소금을 수레로 실어날라야 합니까? (소금의 짠맛만 실어나르면 되지 않습니까?)

나가세나 : 소금의 짠맛만 실어나를 수는 없습니다. 소금의 짠맛과 무게는 결합되어 있지만 분리할 수는 없습니다. 예를 들면, 소금을 저울에 다는 게 아니라 소금의 무게를 저울에 다는 것입니다.

밀린다왕 : 잘 알았습니다. 스님은 대론에 매우 뛰어나십니다.

이것은 사물(소금)과 사물의 속성(짠맛)이 다름을 보여준다. 속성이나 개념, 이름은 사람이 편의상 분별하는 수단일 뿐 사물 자체와는 상관이 없다.

세계의 구조

밀린다왕 : 당신들은 이 세계는 물 위에 떠 있고, 물은 바람 위에, 바람은 허공에 떠 있다고 말하는데 나는 그것도 믿을

수 없습니다.

나가세나 : (나가세나가 기압에 의해 유지되는 여과기의 물을 보여주자 왕은 수긍한다.)

〈밀린다팡하〉 한문본인 〈나선비구경〉에서 이 부분은 무슨 말인지 알 수 없게 번역되어 있는데, 리스 데이비드의 영문판을 보아도 물리적 사고가 부족해서인지 이해가 잘 안 되고, 따라서 이 문답이 어떤 맥락에서 나왔는지도 알 수 없다.

마음의 청정

밀린다왕 : 스님, 어머니의 죽음으로 인해 우는 사람도 있고, 진리에 헌신하며 눈물을 흘리는 사람도 있습니다. 둘 중 누구에게 눈물이 약이 됩니까?

나가세나 : 전자의 눈물은 삼독(三毒 : 탐욕, 증오, 미망)에 의해 더럽혀져 있고, 불타고 있습니다. 그러나 후자의 눈물은 맑고 청량합니다. 고요하고 청량함 속에는 치유가 있지만, 번뇌와 뜨거움 속에는 치유가 없습니다.

부모의 죽음에 흘리는 눈물에 대해 너무 야박하고 비인간적인 말이라고 할 수도 있을 것이다. 이러한 출세간 중심의 사고방식 때문에 불교가 전파된 이래 현실 중심의 동아시아 문화와 심각한 갈등을 겪었던 것이다.

마음이 기억하는 것이 아니다

밀린다왕 : 스님께서는 오래전의 일을 어떻게 회상할 수 있습니까?

나가세나 : 나의 기억(sati, 念)에 의존합니다.

밀린다왕 : 회상하는 건 우리의 마음(citta)이 아닙니까?

나가세나 : 대왕께서는 과거에 했던 일을 잊어버린 적이 있습니까?

밀린다왕 : 그렇습니다.

나가세나 : 그때는 마음이 없어졌습니까?

밀린다왕 : 그렇지 않습니다. 단지 기억이 나지 않았을 뿐입니다.

나가세나 : 그런데 왜 대왕께서는 회상하는 것이 마음이라고 하십니까?

아비담마에서 마음은 항상 존재하는 것이지만 불변의 실체는 아니다. 앞의 마음이 극히 짧은 순간 나타났다가 사라지고 뒤의 마음이 나타나면서 '폭포와 같이' 면면히 이어지고 있는 것이다. 그런데 위의 대화를 보면 마음은 허공처럼 비어 있든지 그렇지 않든지, 하여간 늘 존재하는 무엇으로 묘사하고 있다는 느낌을 받는다. 기억(sati)도 마음이 기능하는 방식 중의 하나라는 것이 일반적인 견해이다.

기억의 발생1

밀린다왕 : 기억은 주관적으로 생겨납니까, 아니면 외부 조건에 의해 촉발됩니까?

나가세나 : 양쪽이 모두 작용합니다.

밀린다왕 : 모든 기억은 본래 주관적이지 않습니까?

나가세나 : 만약 기억이 외부로부터 조성되지 않는다면 기술자나 학자들에게 훈련이나 학습이 필요치 않고, 가르치는 사람도 필요없을 것입니다. 그런데 대왕께서도 아시다시피 사실은 그렇지 않습니다.

기억의 발생2

밀린다왕: 기억은 어떻게 생기는 것입니까?

나가세나: 기억은 다음과 같은 열일곱 가지 계기에 의해 생깁니다.

첫째, 개인적 경험에서 일어나는데, 아난다가 그의 전생을 기억하는 것과 같습니다.

둘째, 외부의 조력에 의해 생기는데, 다른 사람이 전날의 일을 잊어버린 사람의 기억을 일깨우는 것과 같습니다.

셋째, 어떤 대상에 대한 강한 인상에서 만들어집니다. 예컨대 대왕께서 즉위식을 거행했을 때를 잊지 못할 것이고, 수행자가 첫 깨달음[豫流果]을 얻었을 때 역시 그럴 것입니다.

넷째, 이익을 얻었을 때의 [강한] 인상에서 생깁니다. 아주 행복했던 일을 기억하는 것과 같습니다.

다섯째, 손실을 입었을 때의 인상에서 생깁니다. 과거의 쓰라렸던 일을 기억하는 것과 같습니다.

여섯째, 외양의 유사성을 볼 때 생깁니다. 자신의 부모 형제나 친구와 비슷한 사람을 볼 때 기억을 떠올리는 것과 같습니다.

일곱째, 상이한 모습을 볼 때도 생깁니다. 즉 기억은 서로 다른 형상과 소리와 냄새와 맛을 보며 서로 비교할 때 생깁니다.

여덟째, 말로 전하는 정보에 의해 생깁니다. 어떤 사람이 다른 사람에게 잊어버렸던 일을 말해줄 때 생깁니다.

아홉째, 기호에 의해 생깁니다. 어떤 사람이 낙인을 보고 소를 구별하는 것과 같습니다.

열째, 상기하려는 노력에 의해 생깁니다. 어떤 일을 잊어버린 사람의 기억을 되살리기 위해 반복적으로 종용할 때 기억해내는 것과 같습니다.

열한째, 단어의 철자에 대한 지식에서 생깁니다. 마치 글씨를 쓸 줄 아는 사람이 철자의 순서를 기억해서 쓰는 것과 같습니다.

열두째, 산수에 의해 생깁니다. 마치 회계사가 숫자를 다루는 기술로 큰 계산을 하는 것과 같습니다.

열세째, 암기하는 데서 생깁니다. 경전을 암송하는 사람이 암기기능을 사용할 때와 같습니다.

열네째, 명상의 힘에 의해 생깁니다. 명상을 익힌 승려들이 그들의 전생을 기억하는 것과 같습니다. 이들은 전생에서의 상황과 구체적 특징까지도 기억해냅니다.

열다섯째, 문헌을 참조할 때 생깁니다. 마치 왕이 문헌을 참조해서 이전에 만든 법령을 상기하는 것과 같습니다.

열여섯째, 저당물에 의해 기억이 일어납니다. 자기가 맡긴 저당물을 보고 그것을 저당잡힐 때의 정황을 기억하는 것과 같습니다.

열일곱째, 연상작용에 의해 생깁니다. 어떤 대상을 보거나 듣고 그것과 연관된 것을 기억하는 것과 같습니다.

기억에 대해 여러 차례에 걸쳐 왜 이렇게 장황하게 늘어놓는지 의아스럽다. 밀린다 왕이 정치가이자 생활인으로서 기억에 특별한 관심을 가진 것인지도 모르겠다(물론 편집자의 관심일 수도 있다). 한편으로 수행의 기본은 자기 내면에서 일어나는 의식현상(그중에서도 특히 번뇌)을 면밀하게 알아차리는 것이므로 심리현상에 대한 면밀한 관찰과 이해는 중요하다. 자신의 마음속에서 무슨 일이 일어나는지 둔감하게 되면 그것을 통제할 기회도 방법도 없는 것이다.

진리의 맛

밀린다왕 : 바다는 왜 그런 이름으로 불립니까? 또 어떻게 해서 바닷물은 어디에서나 같은 맛입니까?

나가세나 : 물과 소금의 혼합물이라서 '바다'라고 불립니다. 그리고 바다는 오랜 세월에 걸쳐 물과 소금이 서로 섞였기 때문에 어디서나 같은 맛을 지니는 것입니다.

〈밀린다팡하〉는 가깝게 잡아도 2,000년 전에 쓰인 책이다. 당시 서북 인도의 정치적 격동기를 거치면서 한정된 필사본이 어떤 우여곡절을 겪었는지 짐작조차 할 수 없다. 게다가 후세의 가탁假託과 편집을 거치면서 또 심각하게 변형되었을 것이다. 그래서 이런 대화가 어떤 맥락에서 나왔는지 아무런 단서가 없다. '바다'를 뜻하는 빨리어는 samudda인데, 이 단어는 sama(균일한)+udda(물)의 합성어이다. 단어의 뜻풀이가 아니라면 이 문답이 뜻하는 바가 무엇인가? 아마도 경전의 다음 문구와 연관된 것이 아닌가 생각된다.

"모든 바닷물이 소금의 짠맛 한 가지이듯이, 법(法, 여기서는 붓다의 가르침)도 '괴로움으로부터의 자유'라는 한 가지 맛이다." (A. iv. 203.)

지혜의 힘

밀린다왕 : 가장 미세한 것도 쪼갤 수 있습니까?

나가세나 : 그렇습니다. 지혜는 모든 미세한 것들을 깨뜨립니다.

밀린다왕 : '모든 미세한 것'은 어떤 것들입니까?

나가세나 : 미세한 것들은 모두 법(dhamma)입니다. 그러나 모든 법이 미세한 것은 아니고, 거친 것도 있습니다. 미세하고 거친 것은 개념입니다. 쪼갤 수 있는 것은 무엇이든 지혜에 의해 쪼개지지만, 지혜를 쪼갤 수 있는 건 없습니다.

법(dhamma)은 불교에서 가장 중요한 개념으로, 여기서는 '인식되는 것'이라는 의미에서 사물을 가리킨다. 불교에서 지혜는 금강석(다이아몬드)에 비유된다. 지혜의 상징인 금강저金剛杵는 본래 다이아몬드로 만든 절구공이를 말하고, 반야검般若劍 역시 다이아몬드로 만든 지혜의 칼이다(상징이 그렇다는 말이다). 다이아몬드는 다른 것에 의해 깨뜨려지지 않으면서 모든 것을 깨뜨리기 때문에 중생의 무명無明을 깨뜨리는 지혜를 상징한다.

인식작용의 구분

나가세나 : 붓다께서는 참으로 놀라운 능력을 가지셨습니다. 이러한 것은 감촉[觸]이고, 이러한 것은 느낌[受]이며, 이것은 지각[想]이고, 이것은 의사[思]이며, 또 이러이러한 작용은 마음[心, citta]이라고 지각작용에 결부된 정신현상을 일일이 구분해서 설명하셨습니다. 이것은 매우 어려운 일입니다.

밀린다왕 : 그것이 얼마나 어려운 일인지 예를 들어주시기 바랍니다.

나가세나 : 어떤 사람이 배를 타고 바다에 나가서 손으로 바닷물을 한 움큼 떠서 맛을 보고 나서, "이것은 갠지스(Ganges) 강에서 온 것이고, 이것은 줌나(Jumna) 강에서 온 것이며, 이것은 간닥(Gandak) 강에서 흘러온 물이다"라고 구별해서 말할 수 있겠습니까?

밀린다왕 : 그것은 불가능합니다.

나가세나 : 지각작용에 결부된 정신현상을 구분하는 일은 그보다 더 어려운 일입니다.

붓다는 '분석의 대가'라는 말을 들을 정도로 심리현상을 구분

하고 분석하는 능력이 뛰어났다. 그것은 카필라 성의 왕자 시절에 배운 논리학과 수사학 등의 영향이겠지만, 무엇보다도 선정을 통한 마음 수련의 결과라고 하겠다. 마치 어두운 방에 새어들어온 햇살에 미세한 먼지의 율동이 환히 보이듯이 마음이 고요한 상태에서는 미세한 심리의 움직임까지 구분해낼 수 있는 것이다. 자신의 가르침을 이렇게 체계적으로 분석해놓았기 때문에 뒷사람들이 그의 가르침을 이해하고, 숙지하는 데 큰 도움이 된다.

수 행

당신은 진리를 보았는가

밀린다왕 : 스님께서는 법(진리)을 보신 적이 있습니까?

나가세나 : 붓다의 제자들은 붓다의 가르침과 율법에 따라 살아갈 뿐입니다.

붓다는 함께 수행하던 다섯 비구들에게 자신이 완전한 깨달음[無上正等正覺]을 얻었다는 사실을 공표하고 그들을 제자로 삼았지만, 불교 계율(Pācittya No. 8)은 승려가 자신의 영적 성취를 드러내는 것을 금한다. 그 때문인지 자신의 경지가 어느 수준인지 밝히는 '진지한' 수행승은 못 본 것 같다. 물론 자신과 세상을 속이는 부류는 논외이다.

몸은 소중한가

밀린다 왕: 스님, 출가 수행자에게 몸은 소중한 것입니까?

나가세나: 그렇지 않습니다.

밀린다 왕: 소중하지 않은 것이라면 왜 당신들은 자양분을 공급하고, 세심하게 신경을 씁니까?

나가세나: 우리가 몸을 기르고 보살피는 것은 마치 상처에 약을 바르고 보살피는 것과 같습니다. 상처가 소중해서 그러는 게 아니라, 그렇게 해야 덧나지 않고 아물기 때문입니다. 붓다께서는 이렇게 말씀하셨습니다.

"이 더러운 몸은 악취를 풍긴다.
마치 측간의 오물처럼.
지혜로운 사람은 알리라.
이 몸이 바보들의 놀이터라는 걸.

몸이라는 건
축축한 가죽 주머니에 싸여 있는
아홉 개의 구멍이 난 종양 덩어리.
여기저기서 더러운 것들이 흘러내린다……"

본래(第一義諦로는) 더럽고 깨끗한 것도 없지만, 세속적 차원에서는 차별이 있다. "몸이 바보들의 놀이터"라는 것은 "중생은 업을 즐기는 존재"라는 말과 유사하다. 몸을 '자기'와 동일시하거나, '자기의 것'이라고 여기고[有身見] 집착하며 몸으로 얻는 온갖 쾌락을 탐하는 것이 중생이다. 그래서 '바보들의 놀이터'라고 하는 것이다. 몸은 옷과 같이 헤지면 버리는 것이다. 그러나 살아 있는 동안에는 마음과 불가분이므로 공부에 도움이 되도록 잘 관리해야 한다.

선업의 힘

밀린다왕 : 일백 년 동안 악하게 살아온 사람도 죽는 순간에 붓다를 생각함으로써 천상에 태어날 수 있고, 선한 사람도 단 한 번의 나쁜 행위로 인해 지옥에 갈 수 있다고 스님께서 말씀하셨는데, 나로서는 도저히 받아들일 수 없습니다.

나가세나 : 대왕께서는 어떻게 생각하십니까? 아무리 조그만 돌이라도 배가 없이 물 위에 뜰 수가 있겠습니까?

밀린다왕 : 그럴 수 없습니다.

나가세나 : 그러나 한 수레의 돌도 배에 실으면 물에 뜹니다. 선행은 큰 배와 같다는 걸 아셔야 합니다.

염불의 본의는 소리내어 찬탄하는 것이 아니라 붓다의 위덕과 불국토의 장엄을 '마음으로 생각하는 것'이다. 인도에서 정토경 계열의 대승경전이 형성된 시기를 기원 전후로 본다면 〈밀린다팡하〉가 저술된 시기와 겹칠 수도 있다. 이 문답에서 악행을 한 사람도 죽는 순간에 염불을 하면 천상에 태어날 수 있다는 얘기는 중국 정토종 계열에서도 일반화된 관념이다. 이러한 정토사상이 어떻게 〈밀린다팡하〉 속에 편입되어 있는지 알 수 없다.

수행은 왜 필요한가

밀린다왕 : 승려들은 과거, 현재, 미래의 괴로움을 없애기 위해 애쓰십니까?

나가세나 : 그렇지 않습니다. 우리는 지금의 고통이 그치고, [미래에] 또 다른 고통이 생겨나지 않도록 노력하고 있습니다.

밀린다왕 : 미래의 고통은 존재합니까?

나가세나 : 존재하지 않습니다.

밀린다왕 : 그렇다면 스님께서 존재하지도 않는 미래의 고통을 없애려고 노력하시는 건 지나친 원려遠慮입니다.

나가세나 : 대왕께서는 타국의 왕들이 쳐들어왔을 때 맞서 싸운 적이 있습니까?

밀린다왕 : 그런 적이 있습니다.

나가세나 : 대왕께서 그때 비로소 보루와 성벽을 쌓고 군량미를 거두었습니까?

밀린다왕 : 그렇지 않습니다. 전쟁에 대비해서 미리 준비해두었습니다.

나가세나 : 그러면, 미래의 전쟁이라는 게 존재합니까?

밀린다왕 : 그런 건 존재하지 않습니다.

나가세나 : 그렇다면 대왕께서 존재하지도 않는 미래의 전쟁에 대비하신 건 지나친 원려라고 하겠습니다.

마음의 속도

밀린다왕 : 범천(梵天, Brahmā)의 국토는 여기서 얼마나 멉니까?

나가세나 : 아주 멉니다. 범천의 국토에서 굴린 바위가 하루에 48,000요자나(yojana) 떨어지는 데 넉 달이나 걸려야

지상에 닿습니다.

밀린다왕 : 그렇게 멀다면 어떻게 팔을 굽혔다가 펴는 동안에 인도의 수행자가 범천에 나타날 수 있겠습니까? 불경에서 그렇게 말하고 있지 않습니까?

나가세나 : 대왕께서는 어디서 태어나셨습니까?

밀린다왕 : 나는 알라산다(Alasanda = Alexander)라는 섬에서 태어났습니다.

나가세나 : 여기서 얼마나 멉니까?

밀린다왕 : 200요자나쯤 됩니다.

나가세나 : 대왕께서는 거기서 했던 일과 장소를 기억할 수 있습니까?

밀린다왕 : 그렇습니다.

나가세나 : 대왕께서는 200요자나를 순식간에 다녀오신 겁니다.

범천(梵天, Brahmā)은 색계色界의 초선천初禪天에 속하는 범신천(梵身天, Brahmakāyika), 범중천(梵衆天, Brahmapāriṣadya), 대범천(大梵天, Mahābrahma)을 통틀어 일컫는 말이다. 요자나(yojana)는 한자로 유순由旬으로 음역된다. 우마차가 하루에 갈 수 있는 거리로 대유순(80리), 중유순(60리), 소유순(40리)으로 나뉜다. 알렉산더(Alexander)는 그리스식 표기이고, 알라산다(Alasanda)는 인도식 표기이다.

깨달음의 요소

밀린다왕 : 깨달음의 요소는 몇 가지입니까?

나가세나 : 일곱 가지[七覺支]입니다.

밀린다왕 : 그중 몇 가지 요소에 의해 깨달음에 이를 수 있습니까?

나가세나 : 단 한 가지 요소, 택법(擇法, investigation of truth)에 의해 깨달음에 이릅니다. 이 요소가 없이는 진리를 얻을 수 없습니다.

밀린다왕 : 그런데 어째서 일곱 가지나 필요합니까?

나가세나 : 칼이 칼집에 있을 때 무엇을 벨 수 있습니까?

밀린다왕 : 아무것도 벨 수 없습니다.

나가세나 : 그와 같습니다. 다른 여섯 가지 요소들이 없으면, 택법으로도 깨달음에 이를 수 없습니다.

말하자면, 택법이 없으면 다른 여섯 가지 요소가 있더라도 깨달을 수 없고, 다른 여섯 가지 요소가 없으면 택법만으로는 깨달음에 이를 수 없다는 것이다. 여기서 칼과 칼집의 비유는 나가세나의 다른 비유보다는 유비관계가 좀 애매하다. 택법은 바른 가르침[正法 혹은 正見]을 판별하는 것이므로 가장 중요하다. 따라서

택법은 칼집에 든 칼을 가리키고, 나머지 여섯 가지는 그 칼을 손에 잡고 쓰는 것이라고 볼 수 있다. 〈대념처경大念處經〉에 묘사된 칠각지의 내용은 다음과 같다.

"제자들이여, 출가사문은 법으로서의 칠각지를 항상 관찰하며 산다. 어떻게 법으로서의 칠각지를 관찰하는가?"

① 사문은 일곱 가지 깨달음을 도와주는 요소 중 '깨어 있는 마음[念覺支]'이 있으면 "깨어 있는 마음이 내 안에 있음"을 안다. 그것이 없으면 "깨어 있는 마음이 내 안에 없음"을 안다. 어떻게 새로운 [전에 없던] '깨어 있는 마음'이 생기고, 그 '깨어 있음'이 어떻게 완성되어 가는지 안다.

② 칠각지 중 '판별하는 마음[擇法覺支]'이 있으면 그는 "판별하는 마음이 내 마음속에 있음"을 안다. 그런 마음이 없으면 또한 그 없음을 안다. 어떻게 새로운 판별하는 마음이 생기고, 그것이 어떻게 완성되어 가는지 안다.

③ 칠각지 중 '노력하는 마음[精進覺支]'이 있으면 그는 "노력하는 마음이 내 마음 안에 있음"을 안다. 그것이 없으면 또한 그 없음을 안다. 어떻게 전에 없던 노력하는 마음이 생기고, 그것이 어떻게 완성을 향해 나아가는지 안다.

④ 칠각지 중 '기쁨의 마음[喜覺支]'이 있으면 그는 "기쁨의 마음이 내 마음 안에 있음"을 안다. 그것이 없으면 또한 그 없

음을 안다. 어떻게 전에 없던 기쁨이 생기고, 그것이 어떻게 완성을 향해 나아가는지 안다.

⑤ 그는 '심신이 경쾌하고 편안한 상태[除覺支 또는 輕安覺支]'가 되면 그는 "내 마음이 경쾌하고 편안한 상태임"을 안다. 또 그런 마음이 없으면 그 마음이 없음을 안다. 어떻게 전에 없던 편안한 마음이 생기는지를 알고, 그 마음을 잘 다스려 완성으로 이끄는 법도 안다.

⑥ 마음이 한 곳으로 모이고 집중하게 되면[定覺支] 그는 "내 마음 안에 그런 집중력이 있음"을 안다. 집중력이 없으면 그런 마음이 없음을 또한 안다. 어떻게 전에 없던 집중력이 새롭게 생기고, 그 집중력을 개발해 완성으로 이끄는지 안다.

⑦ 칠각지의 하나인 마음의 평정상태[捨覺支]가 있으면 그는 "내 마음에 평정이 있음"을 알고, 그런 평정이 없으면 그 평정 없음을 또한 안다. 어떻게 전에 없던 평정심이 생기고, 일어난 평정심이 어떻게 완성되어 가는지 안다.

선과 불선1

밀린다왕 : 선善과 불선不善 중에 어느 쪽이 더 큽니까?

나가세나 : 선이 크고, 불선은 작습니다. 불선을 행한 사람은 자

신의 잘못을 알고 후회하기 때문에 더이상 불선이 커지지 않습니다. 그러나 선을 행한 사람은 후회할 일이 없고, 후회가 없는 사람은 기쁨[喜, pīti]과 행복감[樂, sukha]이 생기고, 행복감은 마음을 편하고 안락하게 합니다. 안락한 사람은 쉽게 마음의 집중을 성취할 수 있습니다. 마음이 집중되면 사물의 있는 그대로의 진실을 보게 됩니다. 그렇게 해서 선은 점점 자랍니다. 그에 비하면 불선은 하찮은 것입니다.

이것은 앞에 나온 심尋, 사伺와 함께 다섯 가지 선정의 요소[五禪支, pañcaṅgika]를 설명한 것이다. 다섯 가지는 ① 심(尋, vitakka) ② 사(伺, vicāra) ③ 희(喜, pīti) ④ 낙(樂, sukha) ⑤ 심일경성(心一境性, ekaggatā cetasika)이다. 심과 사는 앞에서 다루었고, 희와 낙의 차이에 대해서 〈청정도론〉은 "사막을 헤매던 사람이 오아시스를 발견했을 때의 환희가 삐띠(pīti)이고, 오아시스 아래에서 물을 마실 때의 행복감이 수카(sukha)"라고 말한다. 흔히 수행은 고행이라는 등식에 익숙해 있지만, 선정의 요소에 희와 낙이 있다는 것은 주목을 요한다. 이 희락은 탐욕심이 충족될 때의 쾌감과는 완전히 다른 '순수하고 선한' 희락이다. 심일경성은 말 그대로 하나의 명상 대상에 마음을 집중하는 것을 말한다. "사물의 있는 그대로의

진실"은 무상無常과 연기緣起와 무아無我…… 등이다.

선과 불선2

밀린다왕: 알고 저지르는 불선과 모르고 저지르는 불선 중에 어느 것이 더 큽니까?

나가세나: 모르고 행하는 불선이 더 큽니다.

밀린다왕: 그렇다면 우리는 모르고 불선을 저지르는 사람에게 두 배의 징벌을 가해야겠군요.

나가세나: 대왕께서는 어떻게 생각하십니까? 어떤 사람이 뜨거운 쇳덩어리를 모르고 잡았을 때와 알고 잡았을 때 어느 쪽이 더 심하게 화상을 입겠습니까?

밀린다왕: 모르고 잡았을 때 더 심하게 데겠지요.

나가세나: 마찬가지로, 모르고 불선을 저지르는 편이 더 나쁩니다.

사람들은 흔히 거꾸로 생각한다. 알고 저지르는 불선이 더 나쁘다는 것이다. 그러나 불선이라는 것을 알고 불선을 저지르는 사람은 비록 무의식 차원이라도 가책이 없을 수 없고, 언젠가는

고쳐질 희망도 있다. 그러나 그것을 모른다면 바로잡을 희망조차 없는 것이다. 일단 '보아야' 하고, '알아야' 한다.

마음의 힘

밀린다왕 : 이 몸 그대로 범천이나 다른 국토로 갈 수 있습니까?

나가세나 : 그렇습니다. 대왕께서는 지상에서 얼마나 높이 뛰어오를 수 있습니까?

밀린다왕 : 저는 한 자나 두 자 정도 뛰어오를 수 있습니다.

나가세나 : 그렇다면 생각해보십시오. 대왕께서는 어떻게 해서 무거운 몸으로 높이 뛰어오를 수 있습니까?

밀린다왕 : 제가 뛰어오르겠다는 마음을 일으켜서 높이 뛸 수 있었습니다.

나가세나 : 바로 그렇습니다. 선정을 닦은 수행자 역시 마음의 힘(jhāna)으로 범천에 오를 수 있는 것입니다.

어떤 사람이 불타는 집에 들어가 자식을 구해내었는데, 나중에 보니 그 사람은 한쪽 다리가 없는 불구자였다는 우화 같은 얘기를 들은 적이 있다. 그리고 어린아이를 안아 올릴 때도 그 아이가

기꺼이 안기려고 할 때와 거부할 때 느끼는 무게감이 다르다. 몸과 마음은 우리가 생각하는 것만큼 분리된 것이 아니고, 마음의 힘이 얼마나 큰지 우리는 잘 모르고 있다. 선禪은 산스크리트어 댜나(dhyāna = 빨리어 jhāna)의 한역이다. 따라서 본문에서 '마음의 힘'이라고 한 것은 선정(禪定, jhāna)의 힘이고, 삼매(三昧, samādhi)의 힘이다.

긴 뼈

밀린다왕 : 100요자나쯤 되는 긴 뼈가 있을 수 있습니까?

나가세나 : 그렇습니다. 대왕께서 아시다시피 바다에는 500요자나쯤 되는 해양생물이 있다고 하니 그 뼈도 그만큼 크지 않겠습니까?

앞뒤 맥락이 없기 때문에 이 질문의 의도가 무엇인지 잘 모르겠다.

호흡의 통제

밀린다왕 : 호흡을 참는 것이 가능합니까?

나가세나 : 그렇습니다. 마음을 수련하지 않는 자라도 몸을 구부림으로써 코골이를 멈출 수 있습니다. 그와 마찬가지로 계율을 지키고 마음을 닦은 자라면 호흡을 통제할 수 있습니다.

모든 문화권에서, 특히 신비주의 계열의 수행 전통에서 호흡을 통제함으로써 의식을 계발하는 기법을 탐구해왔다. 호흡은 평소에는 자각하지 못할 만큼 섬세한 작용이지만, 지속성이 절대적으로 요구된다는 측면에서 가장 중요한 생명현상이기도 하다. 호흡의 통제는 심신에 절대적인 영향을 미친다.

열반

해탈의 자각

밀린다왕 : 다음 생에 다시 태어나지 않게 될 사람은 그 사실을 압니까?

나가세나 : 그렇습니다.

밀린다왕 : 그걸 어떻게 압니까?

나가세나 : 다시 태어날 원인과 조건이 모두 사라진 걸 알기 때문입니다. 마치 농부가 밭을 갈지 않고, 씨를 뿌리지 않고, 추수를 하지 않으면 곡식 창고가 채워지지 않는 것과 같습니다.

원인 없는 결과는 없다. 원인으로부터 결과를 예측할 수 있고,

또 결과를 분석해서 원인을 밝혀낼 수도 있다. 마음을 닦으면 자기 내면의 변화를 잘 알아차릴 수 있다. "다음 생에 다시 태어나지 않게 될 사람"은 아라한이다.

깨달은 사람도 고통을 겪는가

밀린다왕 : 다시 태어나지 않는 [깨달은] 사람도 고통을 느낍니까?

나가세나 : 그는 육체적 고통은 느끼지만 심적 고통은 느끼지 않습니다.

밀린다왕 : 그가 고통을 느낀다면 왜 죽어버리지 않습니까? 죽으면 집착과 고통도 함께 사라지지 않습니까?

이미 살아서 깨달음(열반)을 얻었다면 구태여 몸이 존재함으로써 받게 되는 고통을 겪을 필요가 없이 죽으면 되지 않느냐는 말이다. 언제 죽든 상관없이 다시 중생으로 태어나지는 않을 테니까.

나가세나 : 아라한은 삶을 좋아하지도 않지만 싫어하지도 않습니다. 그는 아직 덜 익은 열매를 흔들어서 떨구지 않

고, 익기를 기다립니다. 붓다의 고제자인 사리풋타(Sariputta, 舍利弗)는 다음과 같은 게송을 읊었습니다.

"내가 바라는 건
삶도 아니고 죽음도 아니라네.
마치 고용인이 노임을 기다리듯
나는 때가 오기를 기다리네.
내가 원하는 건
삶도 아니고 죽음도 아니라네.
마음을 챙기고, 명료하게 알아차리며
나는 때가 오기를 기다리네."

육신의 고통도 아라한의 마음의 평화를 깨지는 못한다. 탐욕과 미움과 어리석음이 소멸되었기 때문이다. 삶을 탐내어서 갈구하거나, 죽음을 미워해서 피할 일도 없는 것이다. 오면 맞이하고, 가면 보내는 것이다.

유위법에 대하여1

밀린다 왕: 생겨나는(혹은 생겨난) 행行이 있습니까?

나가세나: 그렇습니다. 눈과 형태가 있을 때 보는 작용[眼識]이 있습니다. 보는 작용이 있을 때 접촉[觸]이 있고, 접촉이 있을 때 느낌[受]이 있습니다. 또 느낌이 있을 때 애욕[愛]이 있고, 애욕이 있을 때 집착[取]이 있습니다. 그리고 집착이 있을 때 생로병사生老病死와 우비고뇌憂悲苦惱의 고통이 따릅니다. 그러나 눈과 형태가 없을 때 느낌과 접촉과…… 우비고뇌가 없습니다.

이 대화 역시 그냥 봐서는 무슨 소리를 하는 것인지 잘 알 수가 없다. 이 대화는 한문본 〈나선비구경〉에서는 찾지 못했다. 밀린다 왕의 '생겨나는 행(formations that are produced)'이 있느냐는 질문은 연기적으로 생겨나는 현상이 있느냐는 말이다. 다른 말로, "연기는 어떻게 일어나는가?" 혹은 "유위법은 어떤 것인가?" 하는 물음과 같다. 이에 대해서 나가세나는 십이지연기(의 변형)로 답하는데, 육입六入에서 시작해서 촉觸-수受-애愛-취取-생로병사生老病死와 우비고뇌憂悲苦惱로 끝난다. 각 단계마다 바로 전 단계가 원인과 조건이 되어 일어나는 연기적 과정임을 말하는 것이

다. 이때 원인과 조건이 되는 전 단계가 사라지면 다음 단계도 사라진다. 예를 들면, 애와 취가 없으면 생로병사와 우비고뇌도 없어지는 것이다.

행行이란 매우 여러 가지 뜻을 갖는 난해한 개념이다. 번역자는 형성력(formation)이라고 했고, 또 다른 데서는 창조력(creation)으로 영역하기도 한다. 동시에 형성된 것, 창조된 것[有爲法]을 뜻하기도 한다. 즉 행은 원인과 조건들이 화합하면서 다른 것을 생성, 변화해가는 작용과 그 작용의 결과물을 가리키는 것이다. 그것은 습관이 형성되고 업이 작동하는 방식이기도 하다. 우리가 어떤 행위(말이나 행동이나 생각)를 하면 그 행위만으로 끝나는 것이 아니라 일종의 관성이라고 할 수 있는 성향과 기질이 형성된다. 이것은 업과 유사어로서의 행이다. 업 역시 작용과 그 결과물을 함께 가리키는 말이다.

유위법에 대하여2

밀린다왕 : 생겨나지 않는 행行이 있습니까?

이 물음 역시 "원인과 조건에 의해 연기되지 않는 현상이 있습

니까?"라는 물음으로 대체할 수 있다. 즉 인연의 화합에 의해 생성, 변화하지 않고 본래 그 자체로 독립 자존하는 현상이나 사물이 있는가 하는 물음이다.

나가세나 : 아니, 없습니다. 행은 연기적으로 형성된 것이기 때문입니다.

밀린다왕 : 예를 들어 설명해주십시오

나가세나 : 대왕께서 앉아 계시는 이 집은 조작과정에 의한 것입니까?

밀린다왕 : 여기에는 그렇지 않은 것이 하나도 없습니다. 이 나무는 숲에 있던 것이고, 진흙은 벌판에 있던 것인데, 여러 사람들의 노고에 의해 이 집이 지어졌습니다.

나가세나 : 바로 그렇습니다. [인연에 의해] 생겨나지 않은 행(=현상)은 하나도 없습니다.

앞에서 행은 생성, 변화하는 작용이요, 그 결과물, 즉 사물이라고 했다. 산스크리트어 행(saṃskāra)을 분석하면 sam(together)+s(활음 첨가)+kāra가 되는데 kāra를 kṛ(to make)의 동명사로 보면 '만드는(making, creating)' 혹은 '만드는 것(what is making)'이 된다. 유위법(有爲法, saṃskṛta dharma)이라는 말은 바로 이 행에서 나왔다.

saṃskṛta는 saṃskāra의 과거분사형이다. 즉 유위법이란 연기적으로 '만들어진 것', 즉 현상과 사물을 가리키는 것이다. 마음속에서 일어나는 심리현상이든 바깥세상의 물리적 현상이든 세상에 그렇지 않은 것은 하나도 없다.

그러나 과연 그런가? 사실은 유위법(saṃskṛta dharma)이 아닌 무위법(asaṃskṛta dharma)도 존재한다. 어떤 의미에서는 무위법에 불교의 존재 이유가 있다고 말할 수 있다. 무위법에도 여러 갈래가 있지만, 가장 대표적인 것이 허공과 열반이다. 무위법에 대해서는 뒤에서 다루겠다(2부 '무위법1').

열반이란 무엇인가

밀린다왕 : 나가세나 스님, 열반은 모든 것이 사라지는 것입니까?

나가세나 : 그렇습니다. 열반은 소멸되는 것입니다. 어리석은 사람들은 감각과 감각의 대상으로부터 즐거움을 얻고, 그것들에 집착하기 때문에 욕망을 따라 흐르면서 생사의 고통과 근심, 슬픔, 아픔과 괴로움으로부터 벗어나지 못합니다. 그러나 현명한 사람들은 감각과 감각의 대상을 즐거워하지 않고 애착하지 않습니다. 애착하지 않기 때문에 생사의 고통이 멸하고, 모든 괴로움

으로부터 벗어나는 것입니다. 그래서 열반은 소멸이 라고 말하는 것입니다.

열반은 몸이 사라지고 세상이 사라지는 게 아니라, 이 몸이 있든 없든 모든 괴로움이 사라지는 것이다. 불교에서 열반과 즐거움의 정의는 '괴로움의 부재'이다. 불교의 최고선(summum bonum)이 왜 이렇게 소극적으로 정의되는가? 아무리 좋은 것도 없느니만 못하다. 문제가 없는 상태, 의문이 없는 상태가 지극한 것이다.

누구나 열반을 얻는가

밀린다왕 : 모든 사람이 열반을 성취하게 됩니까?

나가세나 : 그렇지 않습니다. 그러나 누구든지 올바른 행위를 하고, 알아야 할 진리를 알고, 끊어야 할 번뇌를 끊고, 닦아야 할 것을 닦아서 진리를 깨닫는 사람은 열반을 얻습니다.

열반은 행복한 상태인가

밀린다 왕 : 열반을 얻지 못한 사람이 열반이 행복한 상태라는 걸 알 수 있습니까?

나가세나 : 그렇습니다. 수족이 잘린 적이 없는 사람도 수족이 잘린 사람이 고통으로 울부짖는 것을 보고 그 고통을 알게 되는 것과 같습니다. 마찬가지로, 열반을 얻지 못한 사람도 열반을 성취한 사람들의 환희에 찬 말을 듣고 '열반은 행복한 것'이라는 걸 압니다.

인도 전통에서 인정되는 진리의 요건에 '믿을 만한 사람의 증언'도 포함된다. 그러나 열반을 얻지 못한 사람이 열반을 얻은 사람의 말을 듣고 '상상하는' 것은 한계가 있을 수밖에 없다. 그런 경우를 붓다는 이렇게 비유했다. "숟가락이 국 맛을 모르듯이!" 정말 재치 있는 비유가 아닐 수 없다.《법구경》64장 전문은 다음과 같다.

"어리석은 자는 한평생
지혜로운 스승을 모셔도
진리를 알지 못한다.

마치 숟가락이 국 맛을 모르듯이."

(愚人盡形壽 承事明知人 亦不知眞法 如杓斟酌食)

붓다는 어디에 존재하는가

밀린다왕 : '붓다'라고 불리는 분은 실재합니까?

나가세나 : 그렇습니다.

밀린다왕 : 그렇다면 어째서 "여기, 혹은 저기에 있다"고 말할 수 없는 것입니까?

나가세나 : 붓다는 열반에 들었고, 개체를 형성할 어떤 요소도 남기지 않았기 때문에 "여기, 혹은 저기에 있다"고 말할 수 없습니다. 마치 꺼져버린 불을 두고 "여기, 혹은 저기에 있다"고 가리킬 수 없는 것과 같습니다. 그러나 붓다가 가르치신 '진리의 몸(法身, dhammakāya)'을 통해 그분을 볼 수 있습니다.

'불의 비유'는 윤회로부터 해탈한 아라한의 존재에 대한 붓다 자신의 설법에서도 나타난다. "해탈한 존재는 어디에 있는가?"라는 물음에 붓다는 "모닥불에 나무를 공급하지 않으면 불은 더이

상 타오르지 않고 꺼진다. 이때 타고 있던 그 불은 어디로 갔느냐? 동쪽이냐, 서쪽이냐, 남쪽이냐, 북쪽이냐?"고 묻는다. 꺼진 불도 완전히 없어졌다고 할 수는 없다. 어디에 있는지 특정할 수는 없지만 조건만 가하면 언제든 바로 나타나기 때문이다. 마찬가지로 해탈한 존재의 시간과 공간상의 좌표는 없다. 그러나 완전한 무無라고 할 수는 없다. 인연과 원력에 따라 언제든 현상現像할 수 있기 때문이다.

탐욕과 무욕

밀린다왕 : 탐욕에 찬 사람과 탐욕스럽지 않은 사람은 어떻게 다릅니까?

나가세나 : 전자는 얽매이고, 후자는 얽매이지 않습니다.

밀린다왕 : 무슨 뜻입니까?

나가세나 : 전자는 욕구에 속박되고, 후자는 그렇지 않다는 것입니다.

밀린다왕 : 스님, 두 사람 모두 맛난 음식을 좋아하고(즉 욕구하고) 맛없는 음식은 싫어하지 않겠습니까?

나가세나 : 탐욕스러운 사람은 음식의 맛을 느끼면서 동시에 그 맛에 대한 집착을 일으킵니다. 그러나 탐욕스럽지 않

은 사람은 맛을 느낄 뿐 맛에 대한 집착을 일으키지는 않습니다.

내가 불교 수업 시간에 "집착하지 않는 삶이 아름답다"는 것을 설명할 때 가끔 인용하는 문답이다. 어떤 사람이 맛있는 음식을 먹을 때 맛을 느끼는 동시에 맛에 집착하는지 그렇지 않은지 겉으로 봐서는 알기 어렵다. 오직 먹는 사람만이 알 수 있고, 먹는 사람 중에도 자신의 내면에서 일어나는 일을 잘 관찰할 수 있는 사람만이 알 수 있다. 그리고 음식의 맛에 집착하지 않을 때 그 맛을 더욱 잘 음미할 수 있을 것이라고 추측할 수 있다. 그런 의미에서 "집착하지 않는 사람이 삶을 더 즐긴다"는 역설(?)도 가능하다.

지혜는 어디에 머무는가

밀린다왕 : 사람의 지혜는 어디에 머뭅니까?

나가세나 : 머무는 데가 없습니다.

밀린다왕 : 그렇다면 지혜라는 건 없습니까?

나가세나 : 바람은 어디에 머뭅니까?

밀린다왕 : 머무는 데가 없습니다.

나가세나 : 그럼 바람은 없습니까?

바람이든 지혜든 실체가 없이 연기적으로 생성된다는 비실체론을 말하는 것이다. 공간이 있고, 공기가 존재하고, 기압의 차이가 있을 때 바람이라는 현상이 있다. 마찬가지로 지혜라는 것도 마음의 한 양상으로 여러 가지 조건과 원인에 의해 현상하는 것이다.

붓 다

붓다의 존재1

밀린다왕 : 스님이나 스님의 스승들은 붓다를 직접 보았습니까?

나가세나 : 보지 못했습니다.

밀린다왕 : 스님, 그렇다면 붓다는 존재하지 않았군요!

나가세나 : 대왕이나 대왕의 조상들은 히말라야에 있는 우하(Ūhā) 강을 직접 보았습니까?

밀린다왕 : 보지 못했습니다.

나가세나 : 그렇다면 우하 강은 존재하지 않는 것입니까?

밀린다왕 : 무슨 말씀인지 잘 알겠습니다.

텍스트만 볼 때 밀린다 왕의 물음은 엉뚱한데, 이하 몇 개의 문

답도 대동소이하다. 산 너머에서 연기가 피어오르면 불을 직접 보지 못하더라도 불이 났다는 것을 알 수 있다. 또 한 번도 아프리카를 밟아보지 못한 사람도 케냐에 킬리만자로 산이 있다는 것을 알고 있다. 실은 '알고' 있다고 말했지만 '믿고' 있는 것이다. 그 믿음은 영화 〈트루먼 쇼〉와 같이 세상 사람들이 모두 작당해서 나를 속이지 않으리라는 믿음이다. 이렇게 감각을 통한 직접 경험이 없더라도 우리는 합당한 추론과 믿을 만한 전언傳言을 통해 진실에 접근할 수 있다.

붓다의 존재2

밀린다왕 : 붓다는 비할 데 없이 훌륭한 분입니까?

나가세나 : 그렇습니다.

밀린다왕 : 그분을 직접 보지도 않고 어떻게 그렇다는 걸 아십니까?

나가세나 : 대왕께서는 어떻게 생각하십니까? 바다를 직접 본 적이 없는 사람도 다섯 개의 거대한 강이 흘러들어 가도 넘치지 않을 정도로 바다가 넓다는 것을 압니다. 그와 마찬가지로, 제가 직접 대면한 위대한 스승들이 그분의 제자이기 때문에 붓다가 비할 데 없이 훌륭하다는

것을 알 수 있습니다.

붓다의 존재3

밀린다왕 : [스님과 같은 경험이 없는] 다른 사람들은 붓다가 비할 데 없이 훌륭한 분이라는 걸 어떻게 압니까?

나가세나 : 옛날에 저술가로 이름 높은 팃사(Tissa) 장로라는 분이 계셨습니다. 사람들은 오래전에 돌아가신 그분에 대해 어떻게 알 수 있겠습니까?

밀린다왕 : 그분의 저작을 보고 알겠지요.

나가세나 : 그와 같습니다. 누구나 붓다가 가르치신 법(dhamma)을 보면 그분이 비할 데 없이 훌륭하다는 걸 알 수 있습니다.

여기서 팃사 장로는 아소카 왕의 후원으로 제3차 불경 결집을 주도했고, 〈논사(論事, Points of Controversy, Kathāvatthu)〉를 지은 목갈리풋타 팃사(Moggalliputta Tissa)를 말하는 것 같다. 계율에 따라 자신의 경지를 드러내지 않은 것일 수도 있고, 붓다의 가르침과 계율을 따라 걸어가는 발걸음 자체가 진리를 밟고 있다는 의미

도 있을 것이다. 밀린다 왕의 호기심 가득한 천진스러운 물음에 대한 나가세나의 시치미이다.

계율의 제정

밀린다 왕 : 붓다께서 모든 것을 아시는 분이라면 왜 계율을 [일률적으로 제정하지 않고] 상황에 따라 정하셨습니까?

나가세나 : 대왕께서 말씀하셨듯이 붓다께서는 그때그때 필요에 따라 계율을 정하셨습니다. 그것은 마치 의사가 모든 약에 대해 다 알고 있지만 환자의 질병과 증상에 따라 약을 처방하는 것과 같습니다. 병이 생기기도 전에 미리 약을 처방하는 의사가 있겠습니까?

생각건대, 붓다가 처음 교단을 형성할 때 의식주에 관한 최소한의 기본 규칙이나 계율은 정했을 것이다. 그렇지 않다면 작은 공동체라고 할지라도 질서를 유지하기 어렵고, 원활하게 운영될 수도 없었을 것이다. 그 후에 교단이 성장하고 환경이 변함에 따라 계율이 추가되어서 그렇게 불어난 계율이 나중에는 수백 가지를 헤아리게 된다. 계율의 체계와 구성도 상당히 복잡한데 여

기서는 상론하지 않는다.

붓다의 신체적 특성

밀린다왕 : 붓다께서는 서른두 가지 신체적 특징[三十二相]을 가지셨다고 하는데 왜 그분의 부모님들은 그렇지 않았습니까?

나가세나 : 진흙에서 피어난 연꽃과 진흙은 서로 다르듯이 붓다는 부모님과 다릅니다.

붓다에게 나타나는 서른두 가지 신체적 특징은 아시타(Asita) 선인에 의해 예언된 것이다. 삼십이상(三十二相, 붓다가 지닌 32가지 신체상의 특징)과 팔십종호(八十種好, 여든 가지 신체상의 미묘한 특징)를 병칭하기도 하는데, 현대적 관점에서는 다소 과장되거나 비현실적인 묘사가 없지 않으므로 일일이 열거하지 않는다.《금강경》 26장에서 붓다는 "……형색으로 나를 보거나 음성으로 나를 찾는 사람은 결코 여래를 볼 수 없을 것"이라고 말한다.

붓다는 브라마의 제자인가

밀린다왕 : 스님, 붓다는 청정한 수행자(Brahmacārin)였습니까?

나가세나 : 그렇습니다.

밀린다왕 : 그렇다면 그분은 브라마(Brahmā)의 추종자입니까?

나가세나 : 코끼리의 소리가 왜가리의 소리와 비슷하다고 해서 왜가리의 종족은 아닙니다. 대왕께서는 말씀해보십시오. 브라마는 지혜(buddi)를 가졌습니까?

밀린다왕 : 그렇습니다.

나가세나 : 그렇다면 브라마는 붓다의 제자입니다.

밀린다 왕의 물음은 언어유희에 가깝다. 산스크리트어 Brahmacārin은 원래 'Brahmā의 길을 따르는 무리'라는 뜻인데, 전의轉意해서 결혼하지 않고 집을 떠나 있는 수행자 일반을 가리키는 말이기 때문이다. 붓다는 기존 권위에 얽매이지 않은 자유로운 정신의 소유자였지만, 진리는 보편적인 것이므로 자신이 특정 종파의 창시자라는 인식은 없었던 것 같다. Brahmā는 인도 정통 힌두이즘의 최고신으로 세계의 창조자이다. 나가세나의 "브라마가 붓다의 제자"라는 표현은 힌두교의 입장에서는 상당히 도발적인 발언이지만, 그의 본의는 '진리의 보편성'이다.

붓다의 스승은 누구인가

밀린다왕 : 득도(得度, 계를 받고 승려로 출가하는 것)는 좋은 것입니까?

나가세나 : 그렇습니다.

밀린다왕 : 그런데 왜 붓다는 득도하지 않았습니까?

나가세나 : 대왕님, 붓다께서 보리수나무 아래에서 정각을 이루신 그것이 그분에게는 득도였고, 누구로부터도 수계를 받지 않았습니다.

밀린다 왕의 이 질문 역시 좀 억지스럽다. 이전에 존재하지 않던 교단을 만든 사람이 누구로부터 계율과 출가 지도를 받는단 말인가?

마지막 대화

이미 밤이 깊었기 때문에 밀린다 왕은 대론을 마치고 나가세나에게 많은 시주를 했다.

나가세나 : 저는 생활에 아무 불편이 없기 때문에 대왕의 선물을 필요로 하지 않습니다.

밀린다 왕 : 스님께서 생활에 불편이 없다는 건 알고 있습니다. 그러나 선물을 받음으로써 스님과 저를 보호하셔야 합니다. 만약 대론을 마치고 선물을 받지 않으신다면 세간에서는 "나가세나는 밀린다 왕에게 청정한 진리를 전하고도 아무것도 얻지 못했다"는 악평이 생길 것입니다. 저 역시 "밀린다 왕은 청정한 진리를 얻고도 보답을 하지 않았다"는 악평이 돌게 될 것입니다.

나가세나 : 알겠습니다. 대왕의 뜻대로 하십시오.

밀린다 왕 : 나가세나 스님, 황금 우리 속에 갇힌 사자가 자유를 바라듯이, 저는 왕궁에서 살고 있지만 출가 수행자의 길을 염원합니다. 그러나 제게는 너무나 많은 적들이 있어서 그런 생활을 오래 지속하지는 못할 것입니다.

이렇게 나가세나는 오랜 시간 동안 밀린다 왕의 물음에 답하고 나서 자리에서 일어나 자신의 거처로 돌아갔다. 나가세나가 돌아간 뒤 밀린다 왕은 나가세나와의 문답을 회상하며 이렇게 결론을 내렸다.

"나는 모든 물음을 정당하게 제기했고, 나가세나의 답 역시 현명하고 적절했다."

자신의 움막으로 돌아간 나가세나 역시 그렇게 생각했다.

밀린다 왕은 그 후 불교 신자가 되었고, 박트리아 왕국도 불교 국가가 된 것으로 알려졌다. 문헌 분석에 따르면 여기까지가 대론이 있은 후 100년 후에 기록된 구본舊本의 내용이고, 나머지는 후세에 덧붙여진 신본新本이다. 구본의 내용은 밀린다 왕과 같이 불교 밖의 인물이 상식적으로 제기할 만한 질문인 데 반하여 신본은 보다 전문적인 논란을 다루고 있다. 따라서 '2부 딜레마Dilemma'는 신본의 내용을 그대로 전재하지 않고, 딜레마[兩刀論法]에 해당하는 부분 중에서도 보편적인 주제만 발췌하였다. 양도논법은 말 그대로 서로 충돌하는 교설에 대한 해명을 추구하는 대화법이다. 일반 독자들의 이해를 방해할 정도로 번쇄한 원문을 축약해서 핵심 논지만 정리했다.

2부

딜레마Dilemma

딜 레 마Dilemma

나의 고통은 업보인가

밀린다왕 : 붓다는 깨달음을 얻었을 때 모든 해로움(unwholesomeness)이 사라졌습니까?

나가세나 : 그렇습니다.

밀린다왕 : 그러면 그분은 고통을 느낀 적이 없습니까?

나가세나 : 왕사성에 계실 때 데바닷타가 굴린 바위의 파편에 다치신 적이 있고, 이질과 부스럼으로 고생하신 적이 있습니다.

밀린다왕 : 그렇다면 그분은 모든 악업을 소멸한 붓다가 되었다고 할 수 없습니다. [고통의] 느낌(受, vedanā)은 업에 뿌리를 두고 업으로 인한 것이므로, 만약 다쳐서 고통스러웠다면 불선업不善業으로부터 자유롭다고 할 수 없

습니다. 스님께서는 이 모순(兩刀論法, dilemma)을 어떻게 해명하시겠습니까?

나가세나 : 모든 고통이 업에 의한 것은 아닙니다. 고통의 느낌은 여덟 가지 원인에 의해 일어날 수 있습니다. 풍風, 담즙, 가래, 세 가지 체액의 혼합, 온도와 환경의 변화, 외적 요인, 그리고 업입니다. 그러므로 나머지 일곱 가지를 제쳐두고 "사람을 고통스럽게 하는 것은 모두 업 때문"이라고 단정하는 것은 무지의 소산입니다. 붓다가 데바닷타가 굴린 바위의 파편에 다쳤던 것은 업이 아니라 '외적 요인'에 의한 것입니다. 붓다께서는 이렇게 말씀하셨습니다.

"시바카(Sīvaka)여, 수행자나 바라문 중에 '사람이 느끼는 고락苦樂은 모두 전생에 지은 업의 결과'라는 견해를 가진 자가 있다. 이런 생각은 지식의 범주를 벗어난 것이고, 세간의 진실을 초월한 것이므로 나는 옳지 않다고 말한다." (S. iv. 230f, *Moliya Sīvaka Sutta*)

불교인 중에도 사람이 겪는 희비喜悲와 고락苦樂을 모두 업보라고 말하는 이들이 있다. 그것은 위의 인용문에서 보듯이 붓다

의 가르침에 반하는 것이다. 모든 것을 과거의 행위(즉 業)의 결과로 해석하는 것 또한 결정론의 일종이다. 현재의 내가 과거의 정신적, 육체적 행위의 결과라는 것은 분명한 사실이지만, 그밖에도 무수한 우연적, 기계적 요인들이 현재의 나를 형성하는 데 영향을 미치는 것이다. 붓다는 동시대에 살았던 막칼리 고살라(Makkhali Gosāla)의 결정론(determinism, 인간의 노력이나 자유의지를 인정하지 않고 '던져진 실타래'처럼 모든 것이 애초에 다 정해져 있다는 주장)이 잘못된 것이라고 비판했다.

연기적 관점에서 하나의 사건, 예컨대, 국화 한 송이가 피기 위해서 '천둥이 먹구름 속에서 울고' '무서리가 내리고' [……] '내게 잠도 오지 않은' 일이 있다고 하자. 그러면 그런 원인들의 원인도 있을 것이고, 또 그 원인들의 원인들도 있을 것이다. 이러한 인과관계를 무한 소급하면 국화 한 송이가 피는 데 전 우주가 관여하는 셈인데, 이론상으로나 실질적으로나 부정할 수 없는 사실이다(이것을 화엄에서는 '중중무진연기重重無盡緣起'라고 한다).

사실상 무한대인 우주적 상호 인과관계가 애초에 모두 정해져 있다는 결정론은, 붓다의 말을 빌면, "지식의 범주를 벗어난 것이고, 세간의 진실을 초월한 것"이다('세간의 진실[世諦]'이라는 단서에 유의하자). 그렇기는 해도, 논리적으로 결정론을 깨는 것은 쉽지 않다. 첫째, 그러한 우주적 사건을 설계하고 실행하는 절대자나 신이 존재하지 않는다는 부재不在 증명은 존재 증명과 마찬가지로 언어유희에 그칠 공산이 크고, 둘째, 결정론자들이 아무 근거도 없이 '원래' 그렇게 모두 정해져 있는 것이라고 우기면 어쩔 노리가 없는 것이다.

붓다의 선정

밀린다왕: 붓다께서 보리수 아래에서 이미 모든 것[正覺]을 이루셨다면 어째서 석 달 동안이나 혼자 선정에 들어 있었습니까? 이미 배가 부른 사람에게 더이상의 음식이 필요하겠습니까? 건강한 사람이 약을 필요로 하겠습니까?

나가세나: 선정에 드는 것은 유익한 점이 많습니다. 붓다께서는 선정으로 깨달음을 얻고 난 후, 선정 속에서 그 공덕을 음미하신 것입니다. 예를 들면, 고통 속에 살던 환자가 어떤 음식을 먹고 병이 나은 후에도 그 음식의 공덕에 감사하며 계속해서 그 음식을 먹는 것과 같습니다. 중생들이 선정으로부터 얻는 공덕은 스물여덟 가지입니다.

선정은 ① 수행자를 보호하고, ② 수명을 늘려주고, ③ 생기를 불어넣고, ④ 그릇된 행위를 저지하고, ⑤ 오명汚名을 없애고, ⑥ 명성을 얻게 하고, ⑦ 불만을 없애고, ⑧ 행복감을 주고, ⑨ 두려움을 제거하고, ⑩ 자신감을 심어주고, ⑪ 나태를 없애고, ⑫ 열의를 갖게 하고, ⑬ 탐욕과 ⑭ 분노와 ⑮ 어리석음을 제거하고, ⑯ 아만我慢을 억누르고, ⑰ 사견邪見을 막고, ⑱ 마음의 집중을 이루고, ⑲ 마음을 부드럽게 하고, ⑳ 마음을 가볍게 하고, ㉑ 진지하게 하고, ㉒ 실익을 주고, ㉓ 존경을 받게 하고, ㉔ 기쁨을 주고, ㉕ 환희심이 나게 하고, ㉖ 모든 현상과 사물[有爲法]의 본성을 보게 하고, ㉗ 윤회를 종식시키고, ㉘ 출세간의 모든 과보를 얻게 합니다.

붓다께서는 이러한 모든 공덕을 음미하며 선정에 머물렀던 것입니다. 총체적으로, 붓다께서 선정을 닦은 데에는 네 가지 이유가 있습니다.
첫째, 안락함에 머물기 위해서, 둘째, 순수하고 청정하기 때문에, 셋째, 성스러움으로 인도하는 길이어서, 넷째, 모든 부처님들이 칭송하는 것이므로 붓다께서는 홀로 선정에 머물러 있었던 것입니다.

선정禪定의 공덕을 28가지나 든 것은 좀 수다하긴 하지만, 그 중에서 26번째 "모든 현상과 사물[有爲法]의 본성을 보게 하는 것"이 본질적인 부분이라고 생각한다. 사물의 본성은 무엇인가? 모든 사물은 여러 인연의 화합으로 이합집산하는 것으로 그 자체의 자성(실체)이 없다. 이렇게 연기적이고 공空한 현상과 사물을 '있는 그대로' 봄으로써 궁극의 대자유를 얻는 것이다.

무기, 형이상학적 질문에 대하여

밀린다왕 : 붓다께서는 아난다(Ānanda)에게 말씀하셨습니다. "법에 관한 한 여래는 주먹 속에 쥐고 말하지 않은 것이 없다(D. ii. 100., S. v. 153.)" 그러나 말루리키야풋타(Mālurikyāputta)의 질문에 대해서는 답하지 않으셨습니다(M. ii. Sta. 63.). 붓다께서는 몰라서 답하지 않으신 겁니까, 아니면 무엇인가 숨기신 겁니까?

나가세나 : 그것은 붓다께서 몰라서도 아니고, 무엇을 숨긴 것도 아닙니다. 대체로 질문에 대해서는 네 가지 방식으로 답변할 수 있는데, ① 직접적으로, ② 분석적으로, ③ 반문反問으로 답할 수 있고, ④ 마지막으로 답변을 보

류할 수도 있습니다. 예컨대, "색色은 무상한가?", 혹은 "수受는 무상한가?"와 같은 문제에 대해서는 직접적으로 답할 수 있습니다. 그리고, "무상한 것은 색입니까?"라는 물음에 대해서는 분석적으로 답할 수 있습니다. 또한 "눈은 사물을 볼 수 있습니까?"와 같은 질문에 대해서는 반문을 통해 답을 제시할 수 있습니다.

그런데 마지막으로 보류되어야 하는 질문은 다음과 같습니다. "세계는 영원한가?" "세계는 영원하지 않은가?", "여래는 사후에 존재하는가?" "여래는 사후에 존재하지 않는가?", "정신과 육체는 같은가?" "정신과 육체는 서로 다른가?" 이러한 말루리키야풋타의 질문들에 대해서 붓다는 답하지 않았습니다. 이러한 물음에 대답하는 것은 적절하지 않고, 붓다는 합당하지 않을 때는 답하지 않으셨습니다.

첫 번째 방식은 구체적 사물[色]의 특성[無常]을 판단하는 경우[演繹]이고, 두 번째 방식은 개념의 일반적 정의를 구체적 사물에 적용하는 경우[歸納]이다.

세 번째 방식은 "과연 눈이 사물을 보는 것이냐, 아니면 마음이 보느냐?"와 같은 복잡한 문제와 관련이 있다. 예컨대, 어떤 사람이 "눈으로 사물을 보지 않느냐?"고 물을 때, "눈이 본다면 방금 죽은 사람은 눈이 있는데 왜 보지 못하느냐?"고 반문하면서 "눈이 보는 게 아니다"라는 대답을 도출한다. 그 예로 〈수능엄경〉에 "무엇이 보는가"에 대한 붓다와 아난의 문답이 있다.

네 번째, 보류는 소위 10가지(혹은 14가지) 무기(無記, avyākṛta)를 가리킨다. 이러한 형이상학적 질문은 인간의 일상적 인식과 경험의 영역이 아니다. 따라서 말과 이론만 무성할 뿐 확인할 수도 없거니와 인간이 당면한 고통을 해결하는 데 도움이 되지 않는다. 붓다는 인간의 모든 경험이 12가지(눈과 귀, 코, 혀, 피부, 마음과 각각의 대상) 범주 안에 있다고 보았고, 그밖에는 모두 말만 있을 뿐 인식의 대상이 아니라고 분명히 말했다. 즉 우리의 감관과 감관의 대상 외에는 존재하지 않는다는 것이다.

따라서 저러한 형이상학적 질문에 몰두하는 것은 마치 독화살을 맞은 사람이 그것을 쏜 사람과, 화살과 화살촉의 재질, 독의 특성을 찾아내기 위해 골몰하는 것과 다를 바가 없는 것이다. 그 사람에게 시급한 일은 화살을 뽑고, 치료하는 일이다. 붓다가 보기에 인간은 이미 '생로병사의 괴로움'이라는 독화살을 맞은 존재이다. 그래서 스스로 중생이 앓는 '무명無明의 병'을 고치는 의

사를 자처한 것이다.

마지막으로, 붓다가 말루리키야풋타의 질문에 침묵한 것은 답하는 것이 "적절하지 않았기 때문"이다. 이 부분을 페살라는 "이유가 없기 때문(no reason to answer it)"이라고 했는데, 적절치 않았기(not proper) 때문이라고 설명하는 편이 더 '적절할' 것이다. 왜냐하면, 이러한 질문들에 대해서는 긍정도 부정도 할 수 없기 때문이다.

예를 들면, "세계가 시간적으로나 공간적으로 무한한가?" 하는 질문은 일상 언어와 논리로 답할 수 없는 문제이다. 또한 "아라한이 사후에 존재하는가?"라는 물음 역시 긍정을 하면 듣는 사람이 상견(常見, 영원히 존재한다는 주장)에 빠질 수 있고, 존재하지 않는다고 답하면 단견(斷見, 죽으면 없어진다는 주장)에 빠질 우려가 있다. 그런데 물음의 형식은 긍정과 부정 중의 하나를 택하도록 제기되었기 때문에 물음 자체가 부적절한 것이다. 참고로, 10무기는 다음과 같다. 사견인데, 마지막 둘은 사족인 것 같다.

세계는 [시간적으로] 영원한가?

세계는 영원하지 않는가?

세계는 [공간적으로] 유한한가?

세계는 무한한가?

생명은 몸과 같은가?

생명은 몸과 다른가?

여래는 죽고 난 후에 존재하는가?

여래는 죽고 난 후에 존재하지 않는가?

여래는 죽고 난 후에 존재하기도 하고 존재하지 않기도 하는가?

여래는 죽고 난 후에 존재하는 것도 아니요, 존재하지 않는 것도 아닌가?

죽음에 대한 두려움

밀린다왕 : 붓다께서는, "모든 존재는 벌을 두려워하고, 죽음을 두려워한다(Dhp. v. 129.)"고 말씀하셨습니다만, 또 다른 데서는 "아라한은 모든 두려움을 초월했다(cf. A. ii. 172.)"고 하셨습니다. 어찌된 일입니까? 아라한들도 죽음을 두려워합니까? 또한 지옥에 있는 중생들이 끔찍한 형벌에서 벗어날 수 있는 죽음을 두려워하겠습니까?

나가세나 : 첫째, "모든 존재는 형벌과 죽음을 두려워한다"는 말씀은 아라한에게는 적용되지 않습니다. 왜냐하면 아

라한은 모든 두려움의 원인을 제거했기 때문입니다. 만약 대왕께서 "왕국의 모든 백성들은 세금을 내야 한다"는 명령을 선포했을 때 대왕의 충직한 대신들이 세금 걱정을 하겠습니까?

밀린다왕 : 대신들은 세금을 내지 않기 때문에 개의치 않을 겁니다.

나가세나 : 그와 같습니다. 하나의 진술은 다섯 가지 방식으로 진위가 판별됩니다. ① 경전의 인용구와 비교함으로써, ② 다른 경전과 일치하는지 봄으로써, ③ 스승의 말과 일치하는지 봄으로써, ④ 경전과 스승의 말이 나의 경험과 일치하는지 봄으로써, ⑤ 이 네 가지를 종합함으로써 판단합니다.

밀린다왕 : 잘 알겠습니다. 죽음의 두려움에 관한 한 아라한은 예외라는 사실을 인정하겠습니다. 그러나 지옥의 중생들이 끔찍한 형벌로부터 벗어날 수 있는 죽음을 두려워하겠습니까?

나가세나 : 지옥의 중생들도 죽음을 두려워합니다. 법(진리)을 보지 못한 중생들은 모두 죽음을 두려워합니다. 어떤 사람이 중죄를 지어서 감옥에 갇혔을 때, 대왕께서 그를 사면할 생각으로 부를 때조차 그 죄인은 대왕 앞에 불려나오는 것을 두려워하지 않겠습니까? 또 어떤 사람

이 등에 큰 종기가 나서 고통을 호소하며 병원을 찾았다고 합시다. 외과의사는 환자를 치료하기 위해 날카로운 메스와 의료도구를 늘어놓습니다. 이때 환자는 자신의 질병을 치료하기 위한 것인 줄 알면서도 공포심을 느끼지 않겠습니까?

밀린다왕 : 그럴 것입니다.

나가세나 : 그와 같이 지옥의 중생들도 지옥에서 벗어나기를 바라지만 죽음의 공포와 두려움을 느끼는 것입니다.

"아라한이 두려움의 원인을 모두 제거했다"고 했을 때, '두려움의 원인'은 무엇인가? 상식적으로는 미지未知가 우리를 두렵게 한다. 깜깜한 밤은 보이지 않기 때문에, 자신에게 다가올 일을 알 수 없기 때문에, 죽음의 세계 역시 알 수 없기 때문에 두려움과 공포를 느낀다. 그런데 미지가 왜 두려운가 다시 묻는다면 소중한 것이 소실消失과 소멸消滅의 위험에 노출되기 때문이라고 말할 수 있다. 그리고 소중한 것들 중에서도 가장 소중한 것은 '나'와 '나의 소유물'이다. 온 우주도 이것에 우선하지 않는다. 아라한은 '나라는 생각[我見, 我相]', '나의 것[我所]'이라는 그릇된 집착으로부터 벗어났기 때문에 두려움이 없는 것이다.

주문의 효력

밀린다왕: 붓다께서는 다음과 같은 게송을 읊으셨습니다.

"공중이든 바다 속이든,
깊고 외진 산골짜기든,
죽음의 올가미를 벗어날 수 있는 곳은
온 천지에 한 군데도 없네." (Dhp. v. 128.)

그러나 또 한편, 붓다께서는 위험을 방비하는 호주(護呪, paritta)를 사용하신 적도 있습니다. 만약 죽음을 벗어날 수 있는 곳이 없다면 호주도 필요없지 않습니까?

나가세나: 호주는 아직도 여생이 남아 있는 이들에게 의미가 있습니다. 그러나 메마르고 생기가 스러진 나무에는 아무리 물을 부어주어도 소용이 없는 것과 같이, 이미 수명이 다해가는 사람은 어떤 의식儀式이나 인위적 수단으로도 목숨을 연장할 수는 없습니다.

밀린다왕: 수명이 다한 자는 죽고, 수명이 다하지 않은 자는 목숨을 이어간다면 약이나 호주가 무슨 소용이 있겠습니까?

나가세나 : 대왕께서는 약에 의해 질병이 치료되는 걸 보거나 들으신 적이 있습니까?

밀린다왕 : 수없이 봐왔습니다.

나가세나 : 그렇다면 약이나 호주가 무익하다고 말씀하실 수는 없지 않습니까?

(이어서 나가세나는 호주의 힘으로 위험으로부터 벗어난 사례를 많이 드는데, 대체로 설화와 전설에 근거한 얘기들이다.)

밀린다왕 : 호주는 모든 사람을 보호합니까?

나가세나 : 어떤 사람에게는 효과가 있고, 또 어떤 사람에게는 효과가 없습니다. 사람의 생명을 키우는 음식도 과식을 하거나 소화력이 약하면 해가 되는 것과 같습니다. 호주가 효과를 발휘하지 못하는 세 가지 경우가 있습니다. 첫째, 숙업宿業의 장애, 둘째, 현생의 번뇌로 인해 생긴 장애, 셋째, 불신不信으로부터 오는 장애가 있을 때입니다.

이와 같이 모든 것을 수호하는 호주도 그 사람이 지은 악행으로 인해 수호하는 힘을 잃을 수 있습니다. 예를 들어, 극진하게 사랑하는 자식을 다른 아이들이 괴롭힌다면 그 어머니는 못된 아이들을 붙잡아서 남편에게 끌고 갈 것입니다. 그런데 만약 자신의 아이가 못된 짓을 해서 다른 아이가 괴롭힘을 받았다면 그 아이를 남편에게 끌고 가겠습니까?

밀린다왕 : 그러지 않을 것입니다.

나가세나 : 어째서 그렇습니까?

밀린다왕 : 자기 아이가 잘못을 범했기 때문입니다.

나가세나 : 마찬가지로 온갖 것을 다 수호하는 호주도 지은 죄가 있을 때는 수호해주지 못하는 것입니다.

실제로 붓다도 호주(護呪, 위험으로부터 보호받기 위한 주문)를 사용했다는 기록이 있으나 진위 여부는 확언할 수 없다. 항상 그렇듯이, 잘 모르는 문제에 대해서 함부로 미신이니 뭐니 칼질할 것이 아니라, '모른다'고 하는 것이 정직한 태도이다. 마음이 밝지 못할 때는 호주의 보호를 받지 못한다는 말은 경청할 만하다. 세상에는 상서로운 기운과 불길한 기운이 공존하는데 기운도 유유상종한다.

옛 부처들이 걸어간 길

밀린다왕 : 붓다는 이렇게 말씀하셨습니다. "여래는 세상에 알려져 있지 않은 길을 발견했다(S. iii. 66. cf. S. i. 190.)." 그러

나 또 이런 말씀도 하셨습니다. "나는 이전의 붓다들이 걸어간 옛길을 따라 깨달음에 이르렀다(S. ii. 105.)." 이 문제 또한 해명되어야 할 딜레마입니다.

나가세나 : 붓다가 알려지지 않은 길이라고 한 것은 옛적의 붓다들이 걸어간 길이 오래전에 묻혀서 어떤 인간이나 신들에게도 알려져 있지 않았기 때문입니다. 붓다는 그 길이 사라져서 보이지 않지만 그 길에 대한 충분한 지식과 지혜의 눈으로 그 길을 발견하고 옛 붓다들이 걸어간 길이라는 것을 알게 된 것입니다.

예를 들면, 어떤 사람이 숲을 개간해서 전지田地를 만들면 사람들이 "이것은 그의 토지다"라고 말합니다. 그 땅은 그가 만들어낸 것은 아니지만, 그가 개간해서 사용하므로 그의 토지라고 말합니다. 그와 마찬가지로, 붓다는 이전에 존재하던 옛길을 새롭게 발견해서 누구나 걸어갈 수 있는 길로 만드신 것입니다.

불교에서 말하는 진리는 객관적이고 보편적인 것이므로 특정 개인이나 집단의 전유물이 아니며, 불교의 진리, 기독교의 진리가 다를 수도 없을 것이다. 역사적으로 불교의 배타성으로 인한 전쟁이 없었다는 것도 붓다의 진리관의 영향이라고 할 수 있다.

설법을 주저하다

밀린다왕: 스님들이 말하길, 붓다는 중생들을 구제하기 위해 4 아승지겁(阿僧祇劫, asaṅkheyya)과 십만 겁(劫, kappa) 동안 보살행을 했다고 합니다(M. 1. 53.). 또 한편으로, 깨달음을 성취한 후에 붓다는 마치 오랫동안 활쏘기를 훈련해온 궁수가 전쟁이 일어나자 활쏘기를 회피하는 것처럼 중생들에게 법을 가르치기를 주저했다고 합니다(M. ii. 54.). 붓다는 두려움이 있거나 자비심이 모자라서, 혹은 심신이 쇠약하거나 지혜가 부족해서 주저했던 것일까요?

나가세나: 그건 그렇지 않습니다. 붓다가 깨달은 법은 너무나 깊고 심오한 데 반해서 중생들은 오로지 감각적 쾌락을 탐닉하고, '나'라는 생각과 '나의 것'이라는 고집에 얽매여 있었기 때문에 붓다는 그 법을 누구에게 어떻게 전해야 이해할 수 있을까 주저하고 고민했던 것입니다.

예를 들면, 의사가 질병에 걸린 사람을 진단하고 나서 어떤 처방을 하면 좋을까 생각하는 것처럼, 또한 왕이 자신에게 의존해서 살아가는 신민들을 어떻게 하면 잘살게 할 것인가 고민하는 것처럼 붓다는 주저하고 고민하셨던 것입니다.

붓다께서 범천(梵天, Brahmā)의 권유에 따라 법을 가르친 것은 완전한 인격자의 자연스러운 귀결입니다. 당시 모든 사람들은 범천을 숭배하고, 범천에 의지했습니다. 그토록 위대한 권능을 지닌 범천이 법을 듣는다면 온 세상의 신들과 인간도 그 법을 들을 것입니다. 바로 그 때문에 붓다도 범천의 권청勸請을 기다렸던 것입니다.

깨달은 후 붓다가 설법을 할 것인가, 그만둘 것인가 잠시 고민하는 대목에서의 첫 장애물은 세상 사람들이 모두 감각적 쾌락을 좋아하고, 즐긴다는 사실이다. 그런 경우에는 마치 어린아이가 장난감보다 더 나은 것을 알지 못하듯이 자기 세계에 갇혀서 더 나은 것을 알지도 못하고, 바라지도 않는다는 사실이다. 붓다는 사람들의 고집스런 성향을 잘 알기 때문에 주저하고 고민했을 법하다. 그럼에도 불구하고 모든 사람이 자신과 다름없는 지혜와 덕을 가진 것을 보고 붓다는 설법을 결심했다고 한다. 마치 '수면 위로 나오려는' 연꽃과 같이 그의 가르침을 알아들을 수 있고, 또 찾는 사람도 있는 것이다.

붓다는 스승 없이 깨달았다

밀린다 왕 : 붓다께서는 이런 게송을 읊은 것으로 압니다.

> "나에게는 스승도 없고,
> 나와 같은 자는 존재하지 않는다.
> 신들이 사는 세계에서도
> 나와 견줄 자는 없다." (Vin. i. 8. M. i. 171.)

또한 붓다는 이렇게도 말했습니다. "이렇게 나의 스승, 알라라 깔라마(Āḷāra Kālāma)는 제자인 나에게 자신과 동등한 지위를 허락하고 나에게 최상의 경의를 표했다(M. i. 165.)." 이렇게 서로 상충되는 말씀을 어떻게 해명하시겠습니까?

나가세나 : 붓다께서 알라라 깔라마를 스승으로 모신 것은 아직 깨달음을 성취하지 못한 보살일 때였습니다. 알라라는 세속적 지혜의 스승이었고, 그런 스승은 모두 다섯이나 됩니다. 그러나 사성제四聖諦와 같은 완전하고 초월적인 진리의 관점에서 붓다를 가르친 스승은 존재하지 않았습니다.

———

붓다는 요가 수행자로 알려진 알라라 깔라마(Āḷāra Kālāma)에게 무소유처정無所有處定을 배웠지만, 흡족하지 않아서 다시 웃다카 라마풋타(Uddaka Rāmaputta)에게 비상비비상처정非想非非想處定을 배웠다. 하지만 역시 만족하지 못하고 스승을 떠나 홀로 수행해서 정각을 이루었다. 이 두 선정은 삼계三界 내의 무색계無色界의 선정으로서 아무리 즐겁고 행복한 경지라 하더라도 세속적 차원을 벗어나지 못한 유위법有爲法이다.

출가와 재가

밀린다왕: 붓다께서는 이렇게 말씀하셨습니다. "나는 재가자든 출가자든 올바르게 실천하고 수행하는 자를 칭찬한다(M. ii. 197. A. i. 69.)." 만약 재가자가 감각적 즐거움을 누리고, 처자식과 함께 살며, 향료를 사용하고, 금과 은을 취하면서 아라한이 될 수 있다면, 그 누가 출가승이 되어 머리를 깎고 탁발을 하면서 150가지 계율을 지키고, 13가지 두타행頭陀行을 하겠습니까? 만약 그럴 수 있다면 불교 교단의 계율은 권위를 잃고, 출가는 무익한 것이 됩니다. 편안하게 진리를 추구할 수

있다면 무엇 때문에 그토록 힘든 길을 택하는 것입니까?

나가세나 : 재가나 출가에 관계없이 누구나 올바르게 수행하는 것만이 가장 중요하다는 건 맞는 말입니다. 만약 출가 수행자가 "나는 출가 수행자다"라고 생각하면서 올바르게 수행하지 않는다면 그는 출가자의 도리를 벗어난 것입니다. 재가자의 옷을 입고 세속 생활을 하는 것보다 무엇이 낫겠습니까? 그럼에도 불구하고 출가 생활의 공덕은 측량할 수 없을 정도로 큽니다. 출가자는 바라는 바를 쉽게 성취할 수 있습니다. 세간으로부터 떨어져서 수행에 힘쓰고, 계율을 지켜서 금욕적인 생활을 하며, 번뇌에 물들지 않게 자신을 통제할 줄 압니다. 그렇기 때문에 출가자는 어떤 것이든 자신의 일을 신속하게 성취할 수 있습니다. 마치 유연하면서도 곧은 대왕의 투창과 같이 출가자는 재빨리 목표에 도달할 수 있는 것입니다.

리스 데이비즈 영문판에는 "the thirteen ascetic practices(13두타)"로 되어 있는데, 12두타의 오기가 아닌지 의심스럽다. 십이두타(十二頭陀, 12 ascetic practices)는 다음과 같다. 두타(頭陀, dhūtaguṇa)

란 고행苦行을 의미한다.

① 재아란야처(在阿蘭若處, āraṇyaka)

고요한 숲에 거주한다. 아란야阿蘭若, 혹은 난야蘭若는 절을 의미하기도 한다.

② 상행걸식(常行乞食, yathāsaṃstarika)

탁발을 해서 먹을 것을 얻는다.

③ 착폐납의(著弊衲衣, pāṁśukūlika)

남이 버린 헤진 천으로 만든 옷을 입는다. 착분소의著糞掃衣라고도 하는데, 글자 그대로 똥걸레를 빨아서 기운 옷을 입는다는 뜻이다.

④ 중후부득음장(中後不得飮漿, khalupaścādbhaktika)

정오가 지나면 음식을 먹지 않는다.

⑤ 수일식법(受一食法, aikāsa(n)tika)

한 자리에서 한 끼만 먹고 떠난다.

⑥ 절양식(節量食, nāmantika)

발우에 담긴 음식으로 만족한다.

⑦ 총간주(塚間住, śmāśānika)

무덤 옆에서 거주한다.

⑧ 노지좌(露地坐, ābhyavakāśika)

개방된 곳에서 머문다.

⑨ 수하지(樹下止, vṛkṣamūlika)

나무 아래에서 쉰다

⑩ 단좌불와(但坐不臥, naiṣadika)

앉기만 하고 [잘 때도] 눕지 않는다.

⑪ 차제걸식(次第乞食, P. sapadānacārin)

빈부를 가리지 않고 차례대로 걸식한다. 에드워드 콘즈(Edward Conze)는 차제걸식 대신 수좌(隨坐, sleeps at night wherever he may happen to be, naiṣadika)를 드는데, 자리를 가리지 않고 앉는다, 혹은 잔다는 뜻이다.

⑫ 단삼의(但三衣, traicīvarika)

옷은 세 벌만 지닌다.

아라한의 마음은 고통에 흔들리지 않는다

밀린다왕: 당신들은 "아라한은 몸으로 괴로운 느낌(vedana, 受)을 경험하더라도, 마음으로 괴로운 느낌을 경험하지는 않는다"고 주장합니다. 마음은 몸에 의존해서 작용하는데, [그렇지 않다면] 아라한은 몸의 주인이 아니고, 몸의 주재자가 아니라는 말씀입니까?

이 대화는 매우 중요하다고 판단해서 원본과 번역본을 대조하면서 전문을 옮겼다. 마음이 몸에 의존해서 작용하는 것이 아니라면 몸과 마음은 서로 독립적일 것이고, 그럴 경우 아라한(의 마음)은 자기 몸을 마음대로 할 수 없다는 말이냐고 묻는 것이다.

아라한阿羅漢은 산스크리트어 '아르하트(arhat)'와 빨리어 '아라한트(arahant)'의 음역이다. 의역으로는 공양을 받을 만큼 존경스러운 사람이라는 의미에서 '응공應供', 수행의 적인 모든 번뇌를 없앴다는 의미에서 '살적殺賊', 진리에 상응하는 사람이라는 의미에서 '응진應眞', 모든 번뇌를 끊어 더이상 닦을 것이 없는 경지라는 점에서 '무학無學'이라고도 한다. 보통은 나한羅漢이라고 칭한다. 초기불교에서 아라한은 붓다와 동등한 깨달음을 얻은 존재를 의미했다.

나가세나 : 아라한은 몸의 주인이 아닙니다.

밀린다왕 : 아라한이 자기의 마음이 의존해서 작용하는 몸에 대하여 주인이 아니고 지배자가 아니라는 말은 이치에 맞지 않습니다. 새들이 둥지 속에 사는 동안은 그곳의 주인이고 지배자가 아닙니까?

마음(새)은 몸(둥지)에 의존하면서 몸(둥지)을 지배하지 않느냐고 묻는 것이다. 이 물음의 저의는 새와 둥지가 서로 영향을 주고받는다는 것을 암시한다. 새는 둥지를 지배하지만, 둥지에 의존하면서 영향을 받는다. 마찬가지로 몸과 마음은 긴밀히 연결되어서 서로 영향을 주고받을 수밖에 없지 않느냐는 것이다.

나가세나 : 대왕이여, 다음 열 가지 '몸에 수반되는 현상'은 세세생생世世生生 몸이 있는 한 따라다닙니다. 그것들은 ① 추위, ② 더위, ③ 허기, ④ 갈증, ⑤ 대변, ⑥ 소변, ⑦ 수면, ⑧ 노화, ⑨ 질병, ⑩ 죽음입니다. 이 열 가지는 늘 몸을 따라다니지만 아라한은 이것들에 대해서 주재자가 아니고, 지배자가 아닙니다.

몸이라는 자연은 그 자체의 법칙에 따라 흘러가는 것이므로 내가 그 자연법칙을 변화시킬 수는 없다. 내가 할 수 있는 것은 그 법칙을 잘 이해하고 이용해서 바람직한 결과가 도출되도록 조건과 원인을 제공하는 것이다. 물을 마시지 않으면 갈증이 생긴다는 몸의 법칙을 변화시킬 수는 없다. 물을 마심으로써 갈증을 해소시킬 수 있을 뿐이다. 열 가지 현상에 대해 아라한이 주재

자가 아니라는 것은 그런 뜻이다.

밀린다왕 : 아라한이 몸에 대한 지배자가 아닌 까닭은 무엇입니까?

나가세나 : 예를 들면 땅에 사는 모든 중생은 땅에 의존해서 걷고 행동합니다. 그런데 그들이 땅에 대하여 명령을 내리거나 땅을 지배합니까?

밀린다왕 : 그렇지 않습니다.

나가세나 : 마찬가지로 아라한은 몸에 의존하여 작용하지만 몸에 대하여 명령을 내리거나 주재하지 않습니다.

밀린다왕 : 그렇다면 어째서 아라한이 아닌 범부凡夫는 몸의 괴로움과 마음의 괴로움이 함께 일어납니까?

나가세나 : 범부는 자신을 닦지[修習, 혹은 修行, bhāvetabba] 않기 때문에 몸과 마음의 괴로운 느낌이 함께 일어나는 것입니다. 대왕이여, 예를 들면 약한 밧줄에 묶여 있는 소가 배고픔을 느끼면 밧줄을 끊고 달아나는 것처럼, 마음을 닦지 않은 범부는 몸이 괴로우면 그의 마음도 따라 격동해서 울부짖게 됩니다. 이와 같이 범부는 몸과 마음의 괴로움이 함께 일어나는 것입니다.

범부는 몸(눈, 귀, 코, 혀, 안팎의 피부 등)의 괴로움이 오면 부지불식간에 마음의 괴로움으로 이행된다. 이때 몸의 괴로움은 과보(인과율)에 의한 것이지만, 뒤이어 일어나는 마음의 괴로움은 삼독의 하나인 '혐오(dasa, 瞋恚)'에 의존해서 일어난다. 다시 말해서 아라한과 같이 마음에 진에심瞋恚心이 없다면 몸의 괴로움을 느끼더라도 마음은 괴로움을 느끼지 않는다. 아라한도 몸이 있는 한 과보로서 육체적 고통은 겪지만 혐오(혹은 분노)는 일어나지 않는다. 한때 붓다가 녹야원에 있을 때 맨발이 날카로운 돌에 찔린 적이 있는데, "고통이 하도 심해서 자신도 모르게 신음할 정도였지만, 붓다는 [몸의] 고통을 느끼기만 할 뿐 곧바로 마음을 챙겨 침착했고, 넘어지지 않았다"고 한다. 즉 아라한은 "고통은 있되 괴로움은 없다"고 말할 수 있다.

나가세나 : 반면에 아라한의 마음은 닦이고 길들여져서 잘 통제됩니다. 그래서 몸에 괴로운 느낌이 생길 때 "인연으로 생겨난 모든 것은 무상無常하다"는 것을 분명히 자각하고 '마음의 집중[心一境]'이라는 말뚝에 마음을 매어둡니다. 그러면 견고한 기둥에 묶인 그의 마음은 고요해져서 동요하지 않습니다. 그러나 그의 몸은 괴로움이 커짐에 따라 구부리고, 뒤틀리고, 넘어질 것입니

다(그렇더라도 그의 마음의 평화는 방해받지 않을 것입니다).

대왕이여, 이것이 바로 "아라한은 몸으로 괴로운 느낌[vedana, 受]을 경험하더라도, 마음으로 괴로운 느낌을 경험하지는 않는다"고 말하는 이유입니다.

밀린다왕 : 몸이 고통스러운데도 마음이 고요할 수 있다는 것은 세상에 희귀한 일입니다. 어떻게 그럴 수가 있습니까?

나가세나 : 그것은 마치 바람이 큰 나무에 불어올 때 줄기와 잔가지는 흔들려도 밑둥치는 움직이지 않는 것과 같습니다. 무상의 진실을 분명히 보는 아라한은 더이상 몸의 고통에 흔들리지 않습니다.

몸의 느낌과 마음의 느낌을 구별하는 것은 쉽지 않다. 마음을 닦지 않으면 심신의 현상을 정확하게 알아차릴 수 없다. 마음챙김(sati)이든, 기도, 화두, 염불이든 마음의 집중(삼매)을 연습하면 고요한 가운데 미세한 변화를 알아차릴 수 있고, 평정심으로 '거리를 두고' 자기의 마음을 통제할 수 있다. 말은 쉽고, 방법 역시 단순하지만 반복 연습을 통해 쌓아나가는 게 공부다. 어려워서 못하는 것은 아니고 오직 끈기를 요한다. 무상의 진실을 본다는 것은 변화하는 실상을 본다는 것이고, 연기의 진실을 본다는 말이다. 무상을 봄으로써 몸의 고통에 지배당하지 않고 마음의 평

화를 유지한다는 것은 불가사의하지만 진실한 법이다.

바라이죄를 범한 경우

밀린다왕 : 만약 한 재가자가 출가하기 전에 바라이죄(波羅夷罪, pārājika)를 범했는데 교단이 그것을 모르고 받아들였을 경우, 이 사람은 예류과豫流果를 얻을 수 있겠습니까?

나가세나 : 불가능합니다. 왜냐하면 그 사람은 법을 수용하고 통찰하는 토대가 파괴되었기 때문입니다.

밀린다왕 : 만약 그가 자신이 저지른 죄를 알고 있을 때, 누가 그것을 지적한다면 그는 회한에 잠겨서 마음의 장애가 생길 것이고, 따라서 진리를 통찰하지 못할 것입니다(cf. A. iii. 165.). 그러나 자신의 죄를 자각하지 못하는 자는 회한이 없을 것이고, 따라서 마음의 평화를 유지할 수 있을 것입니다.

나가세나 : 독이라는 걸 모르고 마신 사람도 죽게 될까요?

밀린다왕 : 그럴 것입니다.

나가세나 : 그와 같습니다. 어떤 사람이 자신의 죄를 모른다고 하더라도 진리를 볼 수는 없을 것입니다. 그것은 바위의

표면에서는 씨앗이 발아할 수 없는 것과 같습니다. 바위 위에는 씨앗이 발아할 원인과 조건이 없기 때문입니다.

예류과豫流果는 소위 소승小乘 불교의 네 가지 성취[四果 : 豫流果-一來果-不還果-阿羅漢果] 중에 첫 번째이고, 아라한과가 마지막이다. 바라이죄는 교단으로부터 추방당하는 죄이므로 재가자는 이 죄를 범할 수 없다. 여기에는 부모나 아라한을 살해한 죄, 여래의 몸에 피를 흘리게 한 죄, 비구니를 범한 죄(스리랑카에서는 보리수나무를 훼손한 죄도 포함된다)가 포함된다. 이러한 죄 중에서 하나만 범해도 승려가 될 수 없고, 교단에서 모르고 받아들였을 때는 알게 되는 즉시 추방된다. 바라이죄를 범한 승려가 영적 진보를 할 수 없다는 말이 참회의 공덕을 부정하는 것은 아닐 것이다.

세상에 존재하지 않는 것

밀린다왕 : 세상에는 별의별 것이 다 있습니다. 그런데 세상에 없는 게 무엇일까요?

나가세나 : 세상에 존재하지 않는 것은 다음 세 가지입니다. 의식

이 있는 것이든, 의식이 없는 것이든 쇠퇴하지 않고 소멸하지 않는 것은 없습니다. 인연과 조건에 의해 형성된 것 중에 항구 불변한 것은 없습니다. '궁극적인 의미'에서 '존재자(being)'는 없습니다.

첫 번째는 세상에 존재하는 것(혹은 생겨난 것) 중에 소멸하지 않는 것은 없다는 것이고, 두 번째는 인연 조건에 의해(즉 연기적으로) 형성된 모든 사물 중에 영원한 것은 없다는 것인데, 삼법인三法印 중의 제행무상諸行無常을 말하는 것이다.

세 번째는 역시 삼법인 중의 제법무아諸法無我를 말하는데, 모든 사물은 '독립 자존하는' '불변의' '영속적인' 실체, 혹은 주체가 없다는 것이다. '궁극적인 의미'라고 하는 것은 수승殊勝한 진실[眞諦]의 관점에서 그렇다는 말이다. 통념적으로는 인간과 사물을 마치 실체인 듯이 다루지만, 공과 연기의 진실로 볼 때는 인연의 이합집산에 따라 한순간도 머물지 않고 폭포처럼 쏟아져내리는 변화뿐이다. 나머지 삼법인의 하나는 일체개고一切皆苦로서, "모든 것이 괴로움"이라는 것이다. 여기서 '모든 것'은 사실 유위법(有爲法, 인연에 의해 형성된 것)에 한한다. 무위법無爲法인 열반은 모든 괴로움이 사라진 상태이다.

무위법1

밀린다왕 : 업으로부터 생겨난 것들이 있고, 원인이 있이서 생겨난 것들도 있고, 때[時期]에 따라 생긴 것들도 있습니다. 그런데 이러한 세 가지 범주에 포함되지 않는 것이 있습니까?

나가세나 : 두 가지가 있습니다. 허공과 열반입니다.

밀린다왕 : '승리자(붓다)'의 뜻을 왜곡하지 마시기 바랍니다. 스님께서는 무슨 말씀을 하는지 모르고 대답하신 것 같습니다.

나가세나 : 제가 무슨 말을 했다고 대왕께서 그렇게 말씀하십니까?

밀린다왕 : 어쩌면 허공의 경우에는 스님의 말씀이 맞을 것입니다. 그러나 열반은 다릅니다. 붓다께서는 제자들에게 열반에 이르는 길을 수백 가지는 제시하셨는데, 스님께서는 열반이 어떤 원인의 결과가 아니라고 말씀하시니까요.

나가세나 : 붓다께서 '열반에 이르는 길'을 여러 가지 말씀하신 건 사실입니다만, '열반이 생기는 원인'에 대해서는 말씀하시지 않았습니다.

밀린다왕 : 스님, 지금 저는 어둠에서 더욱 깊은 어둠 속으로, 의

혹에서 혼란으로 빠져들고 있습니다. 만약 한 아이의 아버지가 있으면 우리는 그 아버지의 아버지가 있을 것이라고 추론할 수 있습니다. 마찬가지로, 열반을 성취하는 원인이 있다면 우리는 열반이 생기하는 원인도 있을 것이라고 생각합니다.

나가세나 : 아, 그러나 열반 자체는 [어떤 원인이나 조건에 의해] 만들어지는 게 아닙니다. 그래서 그것이 생기는 원인을 지적할 수 없는 것입니다. 열반에 대해서는 생겼다, 혹은 생길 수 있다고 말할 수 없습니다. 열반은 과거, 현재, 미래에 속한 것도 아닙니다. 혹은 눈, 귀, 코, 혀, 몸으로 알 수 있는 게 아닙니다.

밀린다왕 : 그렇다면 열반은 존재하지 않는다는 말씀입니까?

나가세나 : 열반은 존재합니다. 그래서 마음으로 알 수 있습니다. 마음이 청정하고, 집착이 없이 자유로운 고결한 제자는 열반을 얻을 수 있습니다.

밀린다왕 : 그러면 열반이 어떤 것인지 비유를 들어 설명해주시기 바랍니다.

나가세나 : 바람은 존재합니까?

밀린다왕 : 예, 그렇습니다.

나가세나 : 그러면 바람이 어떤 것인지 비유를 들어 설명해보십시오.

밀린다왕: 바람을 비유를 들어 설명하는 건 불가능하지만 바람은 늘 그렇게 존재합니다.

나가세나: 바로 그와 같습니다. 열반은 존재합니다만 그것을 묘사하는 건 불가능합니다.

허공은 그 속에 있는 물건들처럼 생겨나거나 소멸하는 것이 아니다. 교학적으로 중요한 것은 열반인데, 붓다도 열반과 무위법을 거의 같은 의미로 쓰기도 했다. 라훌라는 〈What the Buddha Taught〉에서 눈에 보이는 세상이 시각의 결과가 아니듯이 열반은 수행의 결과가 아니라고 말한다. 열반은 '이미 존재하는 것'이고, 중생은 다만 무명(즉 착각)에 빠져 그것을 깨닫지 못할 뿐이다. 대명천지에 혼자 눈을 감고 어둡다고 하듯이 중생이 그것을 모르고 있는 것이다. 위의 대화 역시 열반 자체는 어떤 원인에 의해 만들어지는 결과물이 아니라, 늘 바람이 불듯이 본래 존재하는 것임을 강조한다.

흔히 열반이 수행에 의해 획득되는 것으로 이해하지만, 그렇지 않다. 열반은 특정한 사물이나 현상을 지시하는 말이 아니라 그것들을 대하는 인식의 전변轉變을 가리키는 말이다. 그리고 인식의 전변은 수행을 차곡차곡 쌓아서 점진적으로[漸修] 이루어지는 것이 아니라, 한순간에 뒤집히는 것[頓悟]이다. 깨달음이 없지는 않지만 뼈를 깎는 '수행의 결과'로 깨달음을 얻는 것은 아니다. 〈반야심경〉에서는 그것을 "[깨닫는] 지혜도 없고, [열반을] 얻는 일도 없다[無智亦無得]"고 표현했다.

그렇다면 수행은 왜 하는가? 수행은 열반을 '만들어내려는' 노력이 아니라, 감은 눈을 뜨기 위한 안간힘이요, 자신의 미망을 벗어나려는 몸부림이다. 그래서 나가세나는 "열반을 성취하는 원인"은 있지만 "열반이 생기하는 원인"은 없다고 구별해서 말한 것이다. 그렇다면 열반을 성취하기 위해 애를 쓰지만, 항상 열반의 즐거움을 누리고 있다는 말이 아닌가?

〈우다나(Udāna, 無問自說)〉에도 무위법에 관한 설법이 있다.

"비구들이여, 생기하지 않는 것이 있고, 성장하지 않는 것이 있으며, 조건 지어지지 않는 것이 있다. 만약 생기하지 않는 것이 없고, 성장하지 않는 것이 없으며, 조건 지어지지 않는 것이 없다면 생겨나고 성장하며 조건 지어진 것들로부터의 초탈도 없을 것이다. 생기하지 않는 것이 있고, 성장하지 않는 것이 있으며, 조건 지어지지 않는 것이 있기 때문에 생겨나고 성장하며 조건 지어지는 것들로부터의 해탈이 있는 것이다." (Udāna, 80.)

논란이 많은 경문이다. '생겨나고' '성장하며' '조건 지어진 것'은 유위법(有爲法, saṃskṛta dharma)을 가리킨다. 그런데 붓다는 그렇지 않은 무위법(無爲法, asaṃskṛta dharma)이 존재한다고 선언한다. 허공도 그런 것이지만, 그는 열반의 체험을 통해서 열반이 무위법으로 존재한다는 사실을 확인했을 것이다. 그렇기 때문에 인용문의 뜻은 "내가 열반을 얻었다는 사실로부터 모든 유위법으로부터의 해탈이 가능하다는 것이 입증된다"는 것으로 정리할 수 있다.

무위법2

밀린다왕 : 업에 의해 생겨난 것, 원인에 의해 생겨난 것, 그리고 때가 되어서 생겨난 것에는 어떤 것들이 있습니까?

나가세나 : 모든 중생들은 업에 의해 태어납니다. 불[火]과 씨앗에서 자란 것들은 원인에 의해 생겨납니다. 그리고 흙과 물, 바람은 때가 되어서 생겨납니다. 허공과 열반은 이 세 가지와 상관없이 존재합니다. 열반에 대해서는 오감五感으로 감지할 수 없고, 오직 마음으로만 알 수 있습니다. 마음이 순수하고 번뇌의 장애가 없는 제자는 열반을 얻을 수 있습니다.

이것은 앞(무위법1)의 내용과 대동소이한 또 다른 버전이다. 이것을 보면 〈밀린다팡하〉가 오늘날의 모습을 갖추기까지 오랜 세월에 걸쳐 상당히 많은 이본異本과 편집본이 있었으리라고 짐작할 수 있다.

공덕의 회향

나가세나 : 모든 아귀가 보시의 공덕을 받을 수 있는 건 아닙니다. 다른 사람의 공덕을 취하는 아귀(餓鬼, preta, hungry ghosts)로 태어난 중생만 공덕을 향유할 수 있습니다. 지옥의 중생이나 천신들, 축생들, 토사물만 먹는 아귀, 혹은 굶주림으로 고통받는 아귀들, 탐욕에 사로잡힌 아귀들은 보시의 공덕을 취할 수 없습니다.

밀린다왕 : 그런 중생들에게는 시주나 공양을 바쳐도 받아먹지를 못하니 아무 소용이 없겠군요.

나가세나 : 그렇지는 않습니다. 비록 죽은 친지들[아귀가 된]에게는 공덕이 가지 않지만, 그것을 보시한 사람은 공덕을 얻습니다.

밀린다왕 : 그 이유를 말씀해주시겠습니까?

나가세나 : 어떤 사람이 선물을 마련해서 이웃집을 방문했는데, 그 집에서 선물을 받지 않는다면 그것은 버려집니까?

밀린다왕 : 그렇지 않습니다. 가지고 간 사람이 다시 갖고 오겠지요.

아귀에 대한 시식施食 관습이 기원 전후(늦어도 4세기 이전)부터 있었다는 것은 놀라운 일이다.

대화 내용과 비슷한 비유가《노자老子》의 에피소드에도 등장한다.

어떤 사람이 노자를 찾아와서 잔뜩 욕설을 하고 돌아갔다. 노자가 아무런 반응도 보이지 않는 것을 보고 제자들이 흥분했다.

"선생님은 그런 모욕을 당하고도 왜 잠자코 계셨습니까?"

노자가 되물었다.

"자네들이 어떤 사람에게 선물을 했는데 그 사람이 받지 않으면 어떻게 하는가?"

"다시 들고 가지요."

"그렇지. 방금 저 사람이 한 욕설을 내가 받지 않았으니 자기가 가지고 갔을 거야."

나가세나 : 바로 그와 같이 시주하는 사람이 시주의 공덕을 얻는 것입니다.

밀린다왕 : 그렇다면 죽은 자들이 시주하는 사람들의 악한 행위의 과보는 받습니까?

나가세나 : 악행의 과보는 받지 않습니다.

밀린다왕 : 어째서 선한 과보는 받고, 악한 과보는 받지 않습니까?

나가세나 : 그것은 대왕께서 제게 물을 만한 질문이 아닙니다. 왜 허공은 끝이 없는지, 사슴은 다리가 넷인데 사람과 새는 왜 다리가 둘인지 묻는 것과 같습니다.

사실 업이나 번뇌 등 심리작용에 관한 문제는 자연법칙이 그러하듯이 왜 그런지 모르지만 그렇게 돌아간다. 즉 마음도 그 나름의 '물리' 법칙을 따른다. 아무리 지혜가 뛰어나도 현상을 있는 그대로 관찰하고, 그 인과관계를 탐구할 수 있을 뿐이지 그것이 왜 그렇게 되는지 그 이유에 대해서는 알 수도, 말할 수도 없다. 뉴턴이 살아오더라도 중력이 왜 그런 방식으로 작용하는지는 설명할 수가 없다. 그는 중력이 어떤 방식으로 작용하는지 가설을 세운 사람일 뿐이다.

밀린다왕 : 스님을 괴롭히려는 게 아니라, 참으로 의심을 풀기 위해 물은 것입니다.

나가세나 : 물 탱크에 있는 물은 작물을 키울 수 있지만 바닷물은 아무리 많아도 작물을 키우지 못합니다. 마찬가지로 악행을 저지르지도 않고, 가담하지도 않은 사람이 악행의 과보를 공유할 수는 없습니다. 물은 수로를 통해 멀리까지 보낼 수 있지만, 단단한 바위를 그렇게 할 수는 없습니다. 악행은 보잘것없지만 선행은 위대합니다.

밀린다왕 : 예를 들어주십시오.

나가세나 : 만약 작은 물방울이 땅에 떨어진다면 그것이 10유순(由旬, yojana)이나 12유순을 흘러갈 수 있을까요?

밀린다왕 : 아니요, 물방울이 떨어진 자리만 적실 것입니다.

나가세나 : 왜 그렇겠습니까?

밀린다왕 : 양이 너무 적어서 그렇습니다.

나가세나 : 그와 같이 악행의 영향력은 작아서 보잘것없기 때문에 그 행위자에게만 미치고, 타인들에게 공유되지 않습니다. 만약 엄청난 폭우가 퍼붓는다면 그 물은 널리 퍼져나가겠습니까?

밀린다왕 : 그럴 것입니다. 큰비가 내리면 웅덩이와 강과 호수를 채우고 10유순이나 12유순도 흘러갈 것입니다.

나가세나 : 바로 그와 같습니다. 선행은 크기 때문에 신들이나 인간들이 함께 나눌 수 있습니다.

밀린다왕 : 어째서 악행의 영향력은 그토록 제한적이고, 선행의 영향력은 지대한 것입니까?

나가세나 : 시주를 하고, 계율을 지키며, 포살(布薩, P. uposatha : 참회 수행법)을 잘 지키는 사람은 누구든 즐겁고 마음이 평화롭습니다. 즐겁고 평화롭기 때문에 그의 선善은 더욱 자랍니다. 마치 깊은 호수와 같이 한쪽으로 물이 계속 흘러나가도 사방에서 물이 흘러와서 계속 채워지는 것과 같습니다. 바로 그와 같이 어떤 사람이 행한 선행의 공덕을 남에게 회향하면 그의 선은 더욱 증대될 것입니다. 이것이 바로 선행이 위대한 이유입니다. 반대로 어떤 사람이 악행을 하면 그 사람은 회한에 차서 괴로움에서 벗어나지 못합니다. 그 사람의 마음은 침체되고 피폐해져서 마침내 절망감에 휩싸이게 됩니다. 그것은 조그만 물방울이 바짝 마른 땅에 떨어져서 흐르지도 못하고 그 자리에서 흡수되는 것과 같습니다. 이것이 바로 악행이 작고 보잘것없는 이유입니다.

세상에 아무리 나쁜 사람들이 많아도 착한 사람이 더 많기 때문에 이만치라도 살아갈 수 있다는 말들을 한다. 과연 선이 악보다 더 많은지, 그리고 선의 힘이 악의 힘보다 더 큰지 이론적으로

든 실험적으로든 확증할 수 없는 문제다. 나는 나가세나의 '주장'을 선법善法에 대한 의지와 신뢰를 표하는 것으로 이해한다. 그렇더라도 선법에 대한 비유는 신선하고 아름답다.

누구나 진리를 통찰할 수 있는가

밀린다왕 : 올바르게 수행하는 자들은 모두 법(진리, dhamma)에 대한 통찰력을 갖습니까? 아니면, 그렇지 못한 경우도 있습니까?

나가세나 : 비록 수행을 바르게 하더라도 축생과 아귀와 사견을 가진 자들, 사기꾼들, 부모를 죽인 자들, 아라한을 죽인 자들, 교단을 분열시킨 자들, 여래의 몸에 피를 낸 자들, 승복을 입은 도적들, 외도外道를 따르는 자들, 비구니를 범한 자들, 승가의 회합에서 위법행위를 숨긴 자들, 거세된 자들, 두 가지 성性을 가진 자들은 바른 수행을 하더라도 법을 통찰하지 못합니다. 또한 일곱 살 이하의 아이들도 법을 깨달을 수 없습니다.

밀린다왕 : 일곱 살 이하 아이들이 법에 대한 통찰력을 갖지 못하는 건 무엇 때문입니까? 아이들은 마음이 순수해서 법을 깨닫기 쉽지 않겠습니까?

나가세나 : 만약 일곱 살이 되지 않은 아이들이 욕망을 일으키는 사물에 대해 욕망을 느끼고, 분노를 일으키는 대상에 분노를 느끼고, 혼란을 일으키는 것들에 미혹하면서, 선과 불선을 구분할 수 있으면 진리에 대한 통찰은 가능할 것입니다. 그러나 일곱 살 이하의 아이들의 마음은 연약하고 우둔해서 무겁고 심오한 열반의 무위법적 요소를 이해하지 못합니다. 그러므로 이들은 제대로 수행한다고 해도 법을 통찰하기에는(즉 성불하기에는) 너무 어렵습니다.

일부 대승 교학에 따르면, 일천제(一闡提, 산스크리트어 icchantika의 음사)라고 해서 불성佛性이 없기 때문에 성불할 수 없는 존재가 있다고 한다. 나가세나가 나열하고 있는 사람들 역시 일천제에 해당한다고 볼 수 있는데, 그 근거에 대해서는 아는 바가 없다. 어린아이의 경우는 숙업(宿業, 오래 묵은 잠재적 번뇌)이 아직 드러나지는 않은 상태이고, 또 한편으로는 지혜 역시 충분히 개화하지 못한 상태이기 때문에 심오한 무위법을 통찰할 수 없다는 뜻으로 이해된다.

열반은 행복한 상태인가

밀린다왕 : 열반은 완전히 행복한 것입니까, 아니면 부분적으로는 고통이 있습니까?

나가세나 : 열반은 완벽하게 행복한 상태입니다.

열반은 의식적이든 무의식적이든, 현행이든 잠재적이든 괴로움[苦]이 전혀 없는 순도 100%의 행복이다. 물론 이때 괴로움이 전혀 없다는 것은 정신적 차원을 말한다. 육체적 고통이 있을지라도 그것이 정신의 번뇌와 고통으로 옮겨가지 않는다.

밀린다왕 : 저로서는 받아들이기 어렵군요. 열반을 성취하려는 사람들은 금욕적인 수행을 해야 하고, 심신을 단련해야 합니다. 때 아닌 시간에는 음식을 삼가야 하고, 수면도 억제해야 하고, 감각을 제어해야 합니다. 그리고 이들은 재산을 포기하고, 가족과 친구도 버려야 합니다. 감각적 즐거움이 행복감을 주는데도 불구하고 당신들은 그런 즐거움을 억제하고 막기 때문에 오히려 심신의 불편과 고통을 초래할 뿐입니다.

나가세나 : 그렇지 않습니다. 열반은 전혀 고통스럽지 않습니다.

대왕께서 말씀하신 고통은 열반이 아닙니다. 열반을 추구하는 이들이 고통과 불편을 겪는 건 사실입니다만, 그 후에 그들은 진정한 의미에서 열반의 행복을 경험하게 됩니다. 제가 그 이유를 말씀드리겠습니다. 과연 제왕에게 권력의 행복이라는 게 있습니까?

밀린다 왕 : 그렇습니다.

나가세나 : 거기에 고통이 섞여 있습니까?

밀린다 왕 : 그렇지 않습니다.

나가세나 : 그렇다면 변방에서 반란이 일어났을 때 왜 왕들은 안락한 궁전을 떠나 평탄하지 않은 길을 행군하고, 모기에게 뜯기면서 뜨거운 바람을 견디고 가서 목숨을 걸고 싸웁니까?

밀린다 왕 : 그것은 권력의 행복이 아니고, 단지 그 행복을 추구하는 예비 단계일 뿐입니다. 그들이 권력의 행복을 누리는 건 그러한 전쟁을 이긴 후입니다. 그리고 그 행복에는 고통이 섞여 있지 않습니다.

나가세나 : 바로 그와 같이 열반은 순수한 행복이며, 거기에는 어떤 고통도 섞여 있지 않습니다.

열반에 대한 비유

밀린다왕 : 열반의 크기와 양상과 유지에 대해 말씀해주실 수 있습니까?

나가세나 : 그건 불가능합니다. 세상에 그것과 비교할 수 있는 건 없습니다.

밀린다왕 : 그렇다면 다른 사물을 통해 열반의 속성을 비유적으로 설명해주실 수 있습니까?

나가세나 : 그건 가능합니다. 마치 연꽃이 물에 젖지 않듯이 열반은 더러움에 물들지 않습니다. 물이 열을 식히듯이 열반은 탐욕의 갈증을 해소합니다. 약이 독성에 오염된 사람을 보호하듯이 열반은 고통을 치유하고 감로수와 같이 자양분을 공급합니다.

마치 바다에 사체死體가 없듯이, 열반에는 번뇌가 없습니다. 바다가 모든 강물을 받아들이면서도 넘치지 않는 것처럼 열반은 모든 존재를 수용할 수 있습니다. 이와 같이 열반은 아라한의 위대한 영토이며, 지혜와 자유의 땅입니다.

생명을 유지시키는 음식과 같이 열반은 삶을 기르고 노화와 죽음을 물리칩니다. 열반은 인간을 영적으로 순화하고 성장시킵니다.

열반은 허공과 같이 생겨나는 것이 아니고, 소멸하는 것도 아닙니다. 열반은 여기서 사라져서 저기서 생겨나는 것도 아닙니다. 열반은 적이 없으며, 도둑이 훔쳐갈 수도 없습니다. 열반은 어떤 것에도 집착하지 않습니다. 열반은 허공의 새와 같이 장애가 없고, 한계가 없습니다.

마치 소원을 성취시키는 보석과 같이 모든 욕구를 충족시켜서 사람들을 기쁘게 하고 광채가 나게 합니다.

마치 자단목紫檀木과 같이 열반은 얻기 어렵지만, 그 향기는 비할 바가 없어서 선남선녀들로부터 찬탄을 받습니다.

마치 기(ghee, 정제된 버터)가 그 특성에 의해 알려지듯이 열반에는 특별한 속성이 있습니다. 마치 기의 냄새가 향기롭듯이 열반에는 덕의 향기가 있습니다. 마치 기의 맛이 풍미가 있듯이 열반에는 대자유의 풍미가 있습니다.

마치 큰 산의 정상과 같이 열반은 높고, 흔들리지 않으며, 번뇌로부터 멀리 벗어나 있습니다. 열반에는 번뇌가 자랄 땅이 없고, 편애와 편견이 없습니다.

어느 시대, 어떤 지역에서든 사체는 불길하고 불결한 것의 상징이고, 비유다. “마치 바다에 사체가 없듯이(As the ocean is empty of corpses)”라는 문장에서 사체가 부정不淨과 번뇌의 상징이라는 것 이상의 의미가 포함되어 있는지 알 수 없다. 다음 장도 마찬가지다.

열반에 이르는 길

밀린다왕 : 스님께서는 열반이 과거, 현재, 미래에 속한 것이 아니며, 생겨난 것도 아니고, 생겨나지 않은 것도 아니며, 만들어낼 수 있는 것도 아니라고 하셨습니다. 그렇다면 열반을 증득한 사람은 이미 생겨난 것을 증득하는 것입니까, 아니면 그 사람 자신이 열반을 만들어 낸 후 그것을 증득하는 것입니까?

나가세나 : 둘 다 아닙니다. 그럼에도 불구하고 열반은 존재합니다.

밀린다왕 : 스님께서는 저의 질문에 대해 모호한 궤변으로 답하고 계십니다. 명쾌하게 해명해주시기 바랍니다. 세상 사람들은 열반을 잘 이해하지 못하고 여전히 의문을

품고 있습니다. 이러한 불확실성을 제거해주시기 바랍니다.

나가세나 : '승리자(붓다)'의 가르침에 따라 바르게 수행하고, 바르게 법을 이해한 사람은 그 자신의 지혜에 의해 열반을 얻습니다. 열반은 고요하고 안락하며 청정합니다. 이렇게 미묘한 열반의 체험은 실재합니다.

그러면 열반을 어떻게 알아볼 수 있겠습니까? 고통과 두려움의 부재, 청정함과 자유로움이 열반의 징표입니다. 열반의 즐거움은 적들의 포위 속에서 공포와 두려움에 떨던 사람이 아군이 있는 곳으로 탈출했을 때 안도감을 느끼는 것과 같습니다. 혹은 오물구덩이에 빠진 사람이 그 구덩이를 빠져나와 온몸을 씻을 때 상쾌한 것과 같습니다. 혹은 산불에 둘러싸였다가 안전한 곳으로 피신한 사람이 한숨을 돌리는 것과 같습니다. 적에 포위된 사람들이 두려움과 공포심에 사로잡히는 것은 생로병사의 괴로움이 끊임없이 반복되는 것을 비유한 것입니다. 오물은 명예를 더럽히는 것을 비유한 것이고, 산불의 열기는 삼독(三毒, 탐욕과 미움과 어리석음)을 비유한 것입니다.

바르게 수행하는 자는 어떻게 열반을 증득하겠습니까?

그는 행(行, 혹은 業)의 순환을 바르게 파악해서 삶에서 무상과 생로병사의 괴로움을 볼 뿐 즐거움과 안락을 보지 않습니다. 이 세상은 벌겋게 단 쇳덩어리와 같이 아무것도 붙잡을 것이 없기 때문에 중생의 마음은 번민에 차서 열병이 엄습하는 것과 같습니다. 그는 피할 곳을 찾지 못해 절망에 빠지고 끝없이 반복되는 생사윤회에 진저리를 치게 됩니다. 자신의 끔찍한 실상을 본 그는 이런 생각을 하게 됩니다.

"생사의 수레바퀴는 불길에 휩싸여 있고, 절망과 고통에 차 있다. 이러한 모든 행을 종식시키는 길은 애착할 가치가 없는 것에 애착하지 않는 것이다. 애착을 버림으로써 나는 모든 행의 적멸인 열반을 성취하리라."

그래서 그의 마음은 다음 생으로 이어지지 않는 상태에 이르게 됩니다. 이때 그는 마음의 평화를 얻고, 환희에 차서 이런 생각을 합니다. "마침내 나는 편히 머물 곳을 찾았다!" 이와 같이 생사의 수레바퀴를 멈추는 것을 '열반을 증득했다'고 말합니다.

행行에 대해서는 앞에서 여러 번 설명했으므로 반복하지 않는다. "다음 생으로 이어지지 않는 상태(no becoming)"란 무명이 사

라지고 행이 순화되어 더이상 애愛, 취取가 일어나지 않는 상태를 가리킨다. 애, 취가 없으면 다음 생[後有]이 없다.

열반은 어디에 있는가

밀린다 왕 : 열반이 머무는 장소가 있습니까?

나가세나 : 그런 곳은 없습니다. 그러나 열반은 존재합니다. 불이 갈무리된 곳이 없어도 두 막대기를 문지르면 불이 일어납니다.

밀린다 왕 : 그러나 수행자가 머물러서 열반을 증득하는 곳이 있지 않겠습니까?

나가세나 : 그렇습니다. 덕德이 그 장소입니다. 그리고 그 위에서 올바른 수행을 통해 열반을 증득합니다. 그 사람이 어디에 있든, 스키티야(Scythia)든, 박트리아(Bactria)든, 중국이나 티베트이든, 카슈미르나 간다라든, 높은 산꼭대기든, 천상이든 바르게 수행하는 이는 열반을 증득합니다.

밀린다 왕 : 훌륭하십니다. 스님께서는 열반을 설하시고, 열반의 증득에 대해 설명하셨으며, 계율과 덕의 가치를 선양하시고 올바른 실천으로 이끌어 법의 깃발을 드높이

세우셨습니다.

리스 데이비즈의 영역에서는 열반이 머무는 곳이 덕(virtue)이라고 했지만, 다른 버전에서는 계율(precept)로 되어 있는데, 계율을 따름으로써 덕이 생겨난다고 볼 수 있다. 덕이 있으면 애쓰지 않더라도 자연히 계율에 어긋나는 행위를 하지 않을 것이다. 공자도 "종심소욕불유구(從心所欲不踰矩, 하고 싶은 대로 하여도 법도를 어기지 않는다)"라고 했다.

마 무 리

밀린다 왕과 나가세나의 대론이 끝나자 대지가 진동하고 번개가 쳤으며, 천상의 신들은 꽃비를 내렸다. 밀린다 왕의 가슴은 기쁨에 찼고, 그의 자만은 조복調伏되었다. 그는 삼보三寶에 대해 더이상 의심하지 않았고, 마치 이빨 뽑힌 코브라처럼 모든 아집을 버리고 말했다.

"가장 뛰어난 스승이신 스님께서는 붓다만이 해결할 수 있는 모든 의문과 난제를 해명하셨습니다. 사리불(Sāriputta)을 제외하고는 불제자 가운데 스님과 같은 분은 없을 것입니다. 부디 저의 무례한 질문을 용서해주시고, 저를 재가신도로 받아주시기 바랍니다. 이 목숨이 다할 때까지 스님께 귀의하겠습니다."

왕은 그의 병사들과 더불어 나가세나와 그의 승가를 위해 밀린다 비하라(Milinda Vihāra)라는 승원을 지어주었다. 후에 밀린다

왕은 그의 왕국을 아들에게 물려주고 출가한 후 통찰력을 계발해서 마침내 아라한이 되었다.

해설

무아에 관한 단상

업과 윤회

열반의 즐거움

무아에 관한 단상

밀린다 왕과 나가세나의 대화 가운데 철학적으로 중요한 것은 무아, 업, 윤회, 열반 등인데, 모두 불교 안팎에서 논란이 끊이지 않는 주제들이다. 각 주제마다 두툼한 책 한 권씩을 배당해도 오히려 미진할 터인데, "아예 없는 것보다는 낫지 않을까" 싶어서 〈해설〉이라는 이름을 달아 간단하게 정리해보았다.

누가 태어나고, 죽는가

우리는 태어나서 → 늙고 → 병들어 → 죽는다.

이 세상에서 이보다 더 중대한 문제는 없다. 사는 것도 큰일[生大]이고, 죽는 것도 큰일[死大]이다. '사는 것'에 대해서는 생물학자, 경제학자, 법학자…… 심지어 천문학자들까지 전문가들이

즐비하니 그분들에게 맡기고, 여기서는 '죽는 것'에 대해 생각해 보자.

죽는다는 것은 자기의 몸과 마음은 물론 이 세상의 좋은 것들을 몽땅 잃는 일이기 때문에 매우 심각한 일이다. 그렇지만 죽음은 '삶의 끝'으로 정의될 뿐, 죽음 자체에 대해서는 이렇다 할 정보가 없다. 설사 이론들이 좀 있다고 해도 반복실험을 통해 검증할 수가 없으니 없는 것이나 진배없다. 그렇다고 해서 이토록 중대한 관심사에 대해 아무런 견해를 갖지 않는 것도 자존심이 허락하지 않는다. 죽음에 대한 견해는 크게 두 가지로 갈린다. 하나는 "죽으면 모든 것이 끝"이라는 것(이것을 단멸론斷滅論이라고 한다)이고, 또 하나는 "죽은 후에도 영원한 삶이 있다"는 것(이것을 상주론常住論이라고 한다)이다. 그런데 붓다가 본 진실은 둘 다 틀렸다는 것이다.

단멸론은 죽는 순간 몸이 해체되고 [이것은 누구나 관찰할 수 있다] '몸에 붙어 있던' 정신도 따라서 소멸한다는 주장이다. 자칭 무신론자 중에는 단멸론을 신봉하는 이들이 많은데, 스티븐 호킹이라는 천체물리학자는 정신의 죽음을 텔레비전의 전원이 꺼지는 것에 비유했다. 이분이 천체에 대해서는 얼마나 아는지 모르지만, 전공분야가 아닌 인체에 대해 '과학적' 증거를 제시하지 않고 사견私見을 공표하는 건 과학자의 자세가 아니다. 의도했건 아니건 그의 사견에는 '세계적 과학자의 권위'가 실리게 된다. 나는 '아무것도 남는 것이 없는' 단멸론을 선호하지만, 나의 바람과는 무관하게 윤회설이 옳을 가능성이 매우 크다. 윤회설이 상주론은 아니다. 낡은 옷을 버리고 입은 새 옷도 낡아가듯이 몸은 영원하지 않고, 마음도 시시각각 변하면서 흘러가는 것이 윤회다.

문제는 상주론이다.

자기와 '자기 소유물'을 너무나 사랑하는 사람들은 무상(無常, 즉 변화)을 견디지 못해서 영원하고 변치 않는 무엇을 붙잡으려 한다. 그런데 아무리 생각해도 이 몸을 가지고는 영생할 수가 없으니(그게 가능하다는 사이비종교도 있다!) 죽어도 죽지 않는 '영원한 자기'가 있다는 가르침에 귀의해서 안심하려고 한다. 힌두이즘의 아트만(ātman, 自我)이나 자이나교의 지바(jīva, 命我)가 그런 기대에 부응해서 만들어진 발명품들이다. 현대 기독교의 영생 교리나 심지어 불교의 윤회설도 영원성에 대한 원망願望을 부추기고 있다. 그러나 붓다가 볼 때 아트만이나 지바의 가르침은 진실에 부합하지 않는 것이었다.

"'비구들이여, 불변의 자아를 인정하는 가르침(attavāda, S. ātmanvāda)이 있고, 그것을 받아들여서 슬픔과 근심과 고통과 마음의 혼란이 생기지 않는다면 기꺼이 받아들여도 좋다. 그런데 그러한 실아實我의 가르침이 존재할 수 있는가?' '그렇지 않습니다.' '그렇다. 나 또한 슬픔과 근심과 고통과 마음의 혼란도 없애주는 실아의 사상은 존재할 수 없다고 생각한다.'" (M. i. 137.)

"인간은 죽음이 두려워 종교를 만들었다"는 그럴듯한 말이 있지만, 붓다 역시 소멸의 슬픔과 두려움 때문에 사람들이 '불변의 자아[實我]'의 가르침에 기운다고 보았다. 단멸론자든 상주론자든 죽음이 싫고 두려운 건 마찬가지인데 유독 상주론자들만 불변의 자아를 신봉할까? 그럴 리가 없다. 단멸론자들 역시 죽는 순간까지는, 비록 영원하지는 않더라도, 불변의 자아가 있다고 믿는다.

그러나 거짓된 믿음으로 참된 위안을 얻을 수는 없다. 진실은 불편하고 고통스러운 것이라고들 하지만, 진정한 마음의 평화는 진실을 바로 보는 데 있다는 것이 붓다의 신념이었고, 또 불교의 전제이기도 하다. 그렇다면 "불변의 자아가 존재하지 않는다"는 진실이 어떻게 우리에게 마음의 평화를 가져다주는가? 다음 경문에 답이 있다.

> “고통은 있으나 고통받는 자는 없고,
> 행하는 자는 없어도 행위는 있으며,
> 평화로움은 있되 평화로운 자는 없고,
> 길은 있되 길을 가는 자는 없다.” (Vism. xvi. 90.)

그렇다면 “죽음은 있되 죽는 자는 없다”고 말할 수 있지 않겠는가? ‘나’의 일이라서, 그리고 ‘나의 죽음’, ‘나의 행복’이라서 “중헌 것”이지, 나와 상관이 없다면 문제될 것이 없다. 혹자는 ‘나의 죽음’은 싫지만 ‘나의 행복’은 좋은 게 아니냐고 하겠지만, 그 ‘나’라는 게 모든 비극의 씨앗이다. 그나마 제대로 된 씨앗도 아니고 중생의 망상이 빚어낸 허상에 불과하다. 행복도 ‘나의 행복’이 아닌, ‘행복’이 좋은 것이다.

단적으로 말해서 무아無我의 가르침은 ‘나’라고 할 게 없는데도 사람들은 태어나서 살다가 죽는 ‘나’가 있다는 망상을 품고 힘들게 산다는 것이다. 다시 말해서, 망상으로 만든 ‘나’에 속지만 않는다면 태어나고 죽는 일도 없다는 것인데, 정확하게 표현하면, 태어나고 죽는 현상은 없지 않지만, 늙고 죽는 ‘나’는 없는 것이다. 뭔가 알 것도 같은데, 끝내 석연치 않은 의문은 남는다.

“늙고 죽는 ‘나’가 없다고 하지만, 이 몸은 이렇게 늙어가고 있고, 또 언젠가는 죽지 않는가?"

앞으로 이 의문에 답하기 위해서 가아假我와 실아實我라는 용어를 차용하려고 한다. 가능한 한 전문용어는 쓰지 않으려고 하지만, 무아의 담론은 미묘하고 까다로운 데가 있어서 오히려 도움이 될 수도 있다. '나'는 실제로 존재하지 않는데도 실체적으로 존속한다는 듯이 '망상이 만든 나'가 실아(實我, 실체로서의 '나')이다. 실아는 없지만 인연 따라 변해가는 현상까지 없는 것은 아니다. 그것을 가아(假我, 변하는 현상으로서의 나)라고 부르겠다.

변하는 나[假我], 변치 않는 나[實我]

무아(無我, S. anātman)는 불교철학에서 가장 중요한 개념 중의 하나이다. 이 개념이 뜻하는 바를 이해하는 것이 불교 교학의 출발이며, 지혜로써 통찰하는 것이 불교 수행의 끝이다. 무아는 불교의 중심 개념인 연기緣起, 공空, 무상無常 등과 긴밀히 연관되어 있는, 불교사상의 정체성이라고 해도 과언이 아니다. 무아를 분명하게 이해하지 못한다면 불교의 문 밖에 서 있는 것이나 다름없다.

무아를 글자 그대로 해석하면 "나[我]라는 것은 없다[無]"는 뜻이다. 당연히 상식을 부정하는 궤변으로 들린다. 독자들은 이렇게 반문할 것이다. "내가 없다면 지금 이 글을 읽고 있는 건 누구인가?" 혹은, "그렇다면 나의 모든 경험이 환상에 불과하다는 것인가?" 그럴 리가 없다. "내가 여기서 책을 보고 있다"는 것은 의심할 바 없는 사실이다. 불교는 상식적 세계를 부정하지 않으며, 우리가 보고 듣는 경험계[十二處] 밖의 별세계를 노니는 것도 아니다.

만약 무아無我가 "지금 이 글을 읽고 있는 내가 존재하지 않는다"는 뜻이 아니라면, 대체 무엇이 없다[無]는 말인가? 즉, 여기서 아我는 무엇을 가리키는가? 그것만 알면, 무아의 의미를 바로 이해할 수 있을 것이다.

궁여지책이기는 하지만, 시험삼아 '나'를 두 가지로 구분해 보자.

하나는 명색(名色, 마음과 몸), 혹은 오온五蘊으로 경험되는 나이다. 몸은 둔탁한 것[地], 습기[水], 열기[火], 기운의 흐름[風] 등 네 가지[四大]의 결합으로 보거나, 100조 개에 달하는 세포들의 집합, 혹은 무한대에 가까운 소립자들의 율동으로 볼 수도 있지만, 어쨌든 잠시도 고정되어 있지 않고 변하고 있다. 마음은 어떤가?

역시 몸과 마찬가지로, 혹은 몸보다 더 빨리 변화한다. 이렇게 몸과 마음으로 구성되어 외계와 소통하면서 공간적으로나 시간적으로 변하고 있는 무엇을 일컬어 '변하는 나(이하 假我)'라고 하자. 가아는 무상한 현상으로 존재한다. 여기까지는 이해하는 데 별 문제가 없다.

두 번째 '나'는 실제로 존재하지 않는데도 내가 머릿속으로 상상하는(즉 만들어낸) 나이다. "자기 몸과 마음이 변하는 것은 틀림없지만 그래도 변치 않는 자기가 따로 있다"고 믿는 것이다. 이치로는 말이 안 되는 것 같지만, 가만히 돌이켜보면 우리는 실제로 그렇게 생각하면서 살고 있다는 것을 알 수 있다. 이렇게 실제로는 없지만 미망 속에서 존재하는 것이 '변치 않는 나'이고 '실체로서의 나(이하 實我)'이다. 이것은 실재하지 않는다. 그러므로 무아無我란 곧 무실아無實我라고 해도 무방하다.

이상을 정리하면 다음과 같다.

변하는 나[假我]	변치 않는 나[實我]
무상한 현상	존재하지 않음(망상의 소산)
감각적으로 인식되는 대상	심신 통합체의 주체, 주인으로서의 나
변화하는 정신, 육체적 현상	불변의 정체성으로서의 나
인연 화합의 결과물(연기적 산물)	독립 자존하는 실체적, 본질적인 나
통상적인 이름[假名]으로 지시된다.	ātman, vedagū, jīva

사람이 불변의 실체가 아니라 시간적으로나 공간적으로 변화해가는 현상이라는 것을 알아차린다면(즉 무아를 깨닫는다면) 더이상 태어나고 죽는 일은 없을 것이다. 왜냐하면 생멸生滅이라는 것은 실체에게나 일어나는 일이기 때문이다. 그러므로 사람이 죽음을 두려워하고 슬픔과 고통을 느끼는 것은 가아로서의 자신을 실아로 오인하는 데 그 원인이 있다.

실아는 정말 없는가

가아는 고정되어 있는 실체가 아니라 찰나 간에 변하는 현상으로서, 없는 것은 아니다. 그래서 편의상 '나', 혹은 '아무개'라는 이름으로 불리고 지시된다. 그런데 사실상 존재하지 않는 실아는 중생의 욕구와 미망이 요청하고 집착하는 것이다. 과연 그럴까? 실아는 정말로 없을까? 이렇게 나는 생-로-병-사로 변해가지만, 변화 중에도 무언가 변치 않는 '나'가 있지 않을까? 그게 소위 '참다운 나[眞我]'가 아닐까? 존재 증명보다 더 어려운 것이 부재 증명인데, 어떻게 실아가 없다고 단정할 수 있는가?

실제로 힌두이즘에서는 아트만(ātman)이야말로 삶과 죽음을 관통해서 존재하는 연속적 실체이며, '진짜 나'라고 말한다. 무아는 산스크리트어로 안아트만(anātman)인데, 이것은 '변치 않는 나'인 아트만(ātman)을 부정한다(an~)는 의미이다. '나'라고 불리는 현상을 아무리 뒤져봐도 오온의 상호작용 외에 '불변의 운전자' 같은 것은 없다는 것이 붓다의 결론이었고, 수천 년 동안 그의 제자들이 재확인한 사실이다. 훌륭한 선생님의 가르침이라고 해서 그렇게 믿는 것이 아니고, 누구나 관찰과 체험을 통해 알게 되는 객관적 진실이라는 말이다.

그럼에도 불구하고 사람들이 '변치 않는 나', '나를 나이게 하는 나'가 있을 거라고 믿는 것은 '연속성에 대한 착각' 때문이다. 우리는 세 살배기 갑돌이와 여든이 된 갑돌옹이 '같은 사람'이며, 이미 작고해서 백골이 진토된 K 시인과 빛바랜 사진 속의 젊은 K 시인을 으레 '같은 사람'이라고 본다. K씨를 구성하는 몸과 마음[名色]이 다 변했는데도 '같은' 사람이라고 보는 것은 변화의 속성에 기만당하기 때문이다.

즉 변화는 단절인 동시에 연속이다. 단절도 연속이 전제된 단절이고, 연속 또한 단절이 내재된 연속이다. 그래서 연속인 동시에 단절이며, 단절도 아니고 연속도 아니다. 생물이든 무생물이든 변화하는 모든 사물을 관찰해보면 그것을 알 수 있다. 씨앗에서 싹이 날 때 씨앗과 싹은 같기도 하고(연속) 다르기도 하며(단절), 동시에 같은 것도 아니고(불연속) 다른 것도 아니다(부단절). 백골이 진토된 K씨와 젊은 K씨 역시 같다고 할 수도 없고 다르다고 할 수도 없다. 같다고 해도 틀리고, 다르다고 해도 맞지 않다. 그렇다면 궁극적 진실은 무엇인가?

어린 갑돌이와 늙은 갑돌옹이 한사코 같은 사람이라고 '연속성의 착각'을 불러일으키는 것은 첫째, 두 현상 사이에 변치 않는(즉 연속되는) '이름'이 있기 때문이다. 호적이나 족보에 적힌 이름은 평생 동안, 심지어 죽은 후에도 변치 않기 때문에 무언가 연속되는 것이 있다는 착각을 하게 만든다.

둘째, 사람의 기억도 연속성의 착각에 한몫을 한다. 내가 어릴 때 가지고 놀던 장난감 권총이 생각나고, 중학교에 입학하던 기억, 군대에서 유격훈련 받던 기억, 어제 저녁에 반주하던 기억이 모두 난다면, 이러한 일련의 사건들을 연쇄적으로 경험하는 똑같은 '나'가 있다고 생각하는 것도 무리는 아니다. 그 모든 기억들을 하나로 꿰는 주체로서 '기억하는 자'는 '변치 않는 나'가 아닌가? 그러나 내가 경험하는 사건들과 그것에 대한 기억 역시 '변하는 나'의 기능과 작용일 뿐이다.

'변치 않는 나'가 없이도 이러한 '유사 연속성'은 얼마든지 가능하고, 또 모순 없이 설명할 수 있다. 예컨대, 기억들을 순서대로 정리하고 모니터링하는 일은 전두엽이 하는 것으로 알려져 있고, 그래서 '뇌의 행정부'로 불린다. 그렇다면 전두엽이 바로 '기억하는 나', 혹은 실아인가? 독자들은 그것이 넌센스라는 걸 알 것이다. '전두엽'이든 '뇌의 행정부'이든 복잡하고도 복합적인 과정에 붙인 이름일 뿐이다.

셋째, 아비담마에서 "존재(bhava)의 요소(aṅga)"로 번역되는 바왕가(Bhavaṅga)는 생명의 연속성을 담지하는 의식(마음)의 흐름이다. 이 마음은 일종의 잠재의식이라고 하겠는데, 생명이 있는 한 간단없이 '명멸하면서' 지속된다. 아마도 중생이 '변치 않는 나'에 대한 믿음을 갖게 된 데는 이 잠재의식의 영향도 클 것이다.

아무튼, 이렇게 '변치 않는 나', 즉 실아實我가 존재하지 않는다는 것이 무아의 의미다. 그러니까 무아는 엄청나게 복잡한 사상이라기보다는 "없는 것을 없다고 말하는" 단순한 사실 진술에 불과하다. 공자는 "아는 걸 안다 하고 모르는 걸 모른다고 하는 것이 참으로 아는 것[知之爲知之, 不知爲不知, 是知也]"이라고 하였다. 이 말을 붓다의 버전으로 바꾸면, "존재하는 것[假我]을 존재한다고 알고, 존재하지 않는 것[實我]을 존재하지 않는다고 아는 것이 지혜이다".(물론 가아도 실체적으로 존재한다는 것은 아니다)

왜 실아에 집착하게 되는가

내가 "나는 밥을 먹는다"라고 말하거나, "철수가 아프다"고 말하면 사람들은 무슨 일이 일어나고 있는지 금세 알아듣는다. 이때 '나'와 '철수'는 '존재한다'. 이렇게 이름으로 불리는 존재[假我]는 없지 않다. 그래서 학교에서는 선생님이 출석을 불러서 출결을 확인하고, 그 이름으로 패스포트를 발급받아서 어디든 여행할 수도 있다. 다시 말해서, '가아'로 세상을 살아가는 데 아무 문제가 없을 뿐 아니라, 가아를 가리키는 이름도 반드시 필요하다. 문제는 가아로부터 실아까지 유추해서 '나'에 대한 집착을 일으키는 데 있다.

가만히 생각해보면 중생의 번뇌와 고통은 하나같이 '나'와 '나의 것'에 대한 애착 때문이다. 아상(我相, '나'라는 생각), 아만(我慢, 과도한 자의식), 아집(我執, '나'에 대한 집착)은 생사윤회의 뿌리요, 원동력이다. 달리 말하면, 실아에 대한 착각과 집착을 놓는 것이 바로 해탈이요, 열반이다. 실아를 버린다는 것은 자신이 연기적이고 공空한 존재임을 깨닫는다는 말이다. 무아에 대한 깨달음은 가아를 가아로 보고, 실아는 존재하지 않는다는 것을 바로 아는 데서 출발하는 것이다.

그런데 중생은 '변치 않는 나'를 갈망하고, 찾고, 마침내 만들어낸다. 집착의 뿌리는 무명無明이다. 무명으로 인해 나와 나 아닌 것이 분열하는 것이 실아의 시초이다. 무차별의 지혜가 가려지고, 차별의 세계가 열리는 것이다. 실아에 대한 망상과 믿음은 정신-육체적 현상(혹은 五蘊)을 경험함으로써 싹트고 자라난다. 사람들은 오온에 대해 "이것은 나의 몸[色]", "이것은 나의 느낌[受]", 혹은 "몸을 가진 내가 있다", "이것을 느끼는 내가 있다"고 생각하면서 은연중에 '실아로서의 나'를 만들어내고, 즐기고, 집착한다. 이것이 중생의 삶이다.

진실은 무엇인가?

서두에서 밝힌 대로, 무엇을 보고 느끼든, 보는 현상과 느끼는 현상이 있을 뿐 보는 자와 느끼는 자는 없다. 두 손바닥이 마주치면 소리가 나지만 '소리를 내는 자'는 없다. 바람이 불어오고 불어가도 부는 자는 없다. 이 이치를 명백하게 분간하지 못하면 '마루 위'로 올라설 수가 없다.

총괄하면, 실아를 만들고 집착하는 데에는 ① 변화하는 세계에서 안정과 위안을 얻으려는 마음, ② 정신-육체적 현상을 즐기려는 욕구, ③ '나'와 '내 것'을 모두 잃을지도 모른다는 두려움 등이 복합적으로 작용하는데, 이러한 망상을 부추기는 것이 기억과 '이름(명칭, 개념, 명제, 이론 등)'이다.

연기緣起

'손뼉소리' 얘기를 조금 더 해보자.

두 손바닥을 마주쳐서 "짝" 하고 소리가 났다.
이 소리는 누가(무엇이) 냈을까?
왼손도 아니고, 오른손도 아니고, 두 손 모두도 아니다.
그렇다고 해서 두 손이 아닌 다른 것이 낸 것도 아니다.
대체 소리가 나긴 났는데 어디서 난 것인지 모르고,

또 무엇이 낸 것인지도 알 수 없다.

붓다는 연기緣起를 설명할 때 이렇게 손뼉소리를 예로 들었는데 매우 적확하고도 재미있는 비유다. 비나(veena, 현악기)의 소리에 대한 비유도 이와 유사하다. 어떤 사람이 아름다운 비나의 소리가 어디에서 나는지 살펴보려고 악기를 분해했으나 소리를 찾을 수 없었다는 우화가 있다. 그밖에 갈대 묶음도 연기의 비유로 자주 언급된다.

> "비유컨대, 세 묶음의 갈대를 빈 터에 세워놓을 때, [그 셋이] 서로 의존해서 서 있는 것과 같다. 만약 그중에서 하나를 제거하게 되면 나머지 둘도 서 있을 수가 없고, 그 가운데 둘을 제거하면 나머지 하나가 서 있을 수 없는 것과 같다."
>
> (〈잡아함경〉 12. 蘆束經)

연기는 이렇게 여러 인연이 서로 의존해서 생기하는 이치를 가리킨다. 모든 사물은 이렇게 연기적으로(제반조건이 서로 의존해서) 현상했다가(나타났다가) 사라진다(흩어진다). 그래서 사물[有爲法]은 독립 자존하는 것도 없고, 영원한 것도 없다. 인연(因緣, 원인과 조건들)이 끊임없이 변하기 때문이다. 이것이 연기의 정의다. 사물이 연기적이라는 말은 곧 실체가 아니라는 말이다.

그런데 손뼉소리나 갈대 묶음이 연기적이라는 게 중요한가? 중요하지 않다. 단지 비유로 쓰인 소모품에 불과하다. 붓다는 비유를 통해 우리의 인식이 왜곡되는 것을 바로잡으려고 한 것이다. 그중에서 가장 중요한 포인트는 무아와 관련되어 있다. 예컨대, 눈[眼根]이 대상[色境]을 볼 때 눈의 의식[眼識]이 일어난다. 마치 세 개의 갈대 묶음과 같이 그중에 하나만 없어도 보는 작용은 일어나지 않는다. 이어서 마음[意識, manas]이 관여해서 그것이 무엇인지 분간하게 되는데, 이러한 일련의 과정은 물리현상처럼 자발적으로 일어나는 것이지 그것을 주재하거나 통합하는 자가 달리 존재하는 것은 아니다.

이렇게 간단한 이치를 붓다는 왜 그렇게 누누이 강조하고 되풀이했던 것일까? 이치는 어렵지 않지만 사람들이 무명과 오랜 관성[業]에 이끌려 연기의 실상을 '깨닫지' 못하기 때문이다. 다음에 소개하는 붓다와 아난존자의 대화가 그것을 말해준다.

"세존이시여, 연기는 깊은 것이며 깊은 곳에서 빛난다 하시지만 저에게는 바로 눈앞에 있는 것처럼 보입니다."

"아난아, 그렇게 말하지 말라. 연기는 깊은 것이고, 깊은 곳에서 빛나니라. 아난아, 사람들은 이 법을 깨닫지 못하고, 꿰뚫어 알지 못하기 때문에 엉킨 실타래같이, 종기로 뒤덮인 듯이, 문자풀이나 바바자풀이 엉키듯이 고처(苦處, 괴로운 곳), 악처(惡處, 나쁜 곳), 타처(墮處, 열등한 곳)에 태어나게 되는 것이다." (D. ii. 44.)

연기를 지적으로 이해하는 것은 비교적 쉽다고 하겠지만 그것을 '꿰뚫어보고', '깨닫는' 것은 또 다른 문제다. 바로 그렇기 때문에 붓다는 "연기를 보는 자는 여래를 본다"고 한 것이다.

나가세나는 어디 있는가

본문의 서두에서 나가세나는, 이름이 가리키는 대상은 실체적 존재가 아니라고 답하면서 수레의 비유를 드는데, 아마도 이 비유는 초기불교 이래 널리 사용되었던 것 같다. 다음에 인용하는 것은 비구니 바지라(Vajirā)가 악마에게 한 말이다. 먼저 악마가 바지라에게 묻는다. "'사람'은 무엇인가?" "사람은 어떻게 생겨나는가?" "누가 사람을 만들었는가?" 잠시 혼란스러웠던 마음을 수습한 바지라는 물음이 잘못되었다는 것을 깨닫고 이렇게 되묻는다.

"'너는 어째서 자꾸 '사람'이라고 하는가? 악마여, 너의 전제가 잘못되어 있다. 그것['사람'이라고 불리는 현상]은 여러 요소들의 복합적인 과정에 지나지 않는다. 어디에도 '사람'은 없다. 마치 여러 가지 부품들이 결합된 것을 '수레'라고 부르듯이, '사람'이란 말은 여러 요소가 서로 의존하고 있을 때 쓰는 지시어에 불과하다." (S. i. 135.)

우리가 '수레'라는 이름으로 부르는 탈것은 현실적으로 존재한다. 그러나 '수레'라는 이름은 수레의 각 부분을 가리키는 것도 아니며, 부분들의 집합도 아니다. 여기서 '수레'라는 이름이 수레의 각 부분을 가리키는 것이 아니라는 점은 명백하지만, 부분들의 총합을 가리킨다고 볼 수 있지 않은가 하는 의문이 생긴다. 그러나 수레의 부분들을 모아놓았다고 해서 수레의 기능이 생기는 것은 아니다. 여러 부품들이 연기적으로 서로 의존해서 ['수레'라고 불리는] 특별한 구조물을 형성할 때 비로소 '수레'로 불릴 수 있는 것이다. 다시 말해서, 여러 구성 요소들에 의존[攀緣]해서 수레라는 명칭이 생긴다.

그러나 앞서 말한 바와 같이 우리가 보통 '수레'라고 말할 때 은연중 그 요소들의 결합 외에 그러한 이름에 대응하는 '무엇'이 실체로서 존재한다는 생각을 하게 된다. 그것은 오랫동안 유전처럼 전해져온 우리들의 오랜 습성이다. 수레라는 이름뿐만 아니라, 그 부속품 중의 하나인 바퀴라는 이름도 마찬가지이다. 바퀴는 바퀴살, 축 등이 결합된 물체에 대한 이름이다. 바퀴를 구성하는 부속들에 대해서도 역시 마찬가지이고, 또 그 부속품들에 대해서도 그렇다.

마찬가지로 사람도 정신적, 육체적 요소들(즉 오온)의 현란한 흐름에 지나지 않는다. 통념적으로는 '사람'이라고 하든 '아무개'라고 부르든 실상은 오온의 흐름일 뿐 "'아무개'는 없다"고 말할 수 있다. 그렇다고 해서 오온을 떠나서, 오온 밖에 '아무개'가 있는 것도 아니다. 수레의 경우와 같이 "오온의 복잡한 상호작용에 반연해서" 아무개라는 이름이 있는 것이다. 오온의 변화무쌍한 흐름 외에 달리 '나'라고 할 만한 것이 없는데도 우리의 욕구와 무지로 인해 그러한 현상을 실체로서, 영속적인 무엇으로 집착하게 되는 것이다. 그러나 그런 것은 없다. 이것이 무아의 의미이다.

생각하는 자는 없다

"모든 존재는 인연의 화합에 의존해서 현상한다"는 연기적 관점에서는 주체와 영혼도 당연히 부정된다. 우리는 현상계의 모든 작용과 운동에는 주체가 있어야 한다는 생각을 은연중에 갖게 되는데, 비[雨]든 바람이든, 또 그밖에 무엇이든 자연현상에는 주인도 없고 주체도 없다. 사람도 자연이다. 바람에 주체가 없듯이 사람이라는 현상도 '운전자'나 '주인'이 없이 태어나서 늙어 죽는다. 누가 그것을 시키는가? 신(God)도 아니고, 하늘[天]도 아니다. 그저 그럴 뿐이다. 물은 위에서 아래로 떨어지고, 구름은 허공에 떠 있다.

인격적 주체(혹은 주체로서의 영혼)가 없이도 개체의 작용은 가능하다. 만지고 있지만 만지는 자는 없고, 깨달음은 있지만 깨닫는 자는 없다. 간단없이 지속되는 호흡현상을 지속하는 주체는 사람의 안에도 없고, 밖에도 없다. 호흡뿐 아니라, 모든 생리작용 역시 신체 메커니즘의 자발적인(spontaneous) 활동에 지나지 않고, 인식작용 역시 주인 없는 자연스러운 연쇄반응에 불과하다. 내가 신경쓰지 않아도 맥박은 뛰고 피는 돌아간다. 누가 시키지 않아도 손톱과 머리카락은 자란다. 이렇게 모든 사상事象은 인因과 연緣의 화합 외에 달리 주체나 주재자 없이 생멸, 변화하는 것이다.

오늘 점심에 된장찌개 맛이 좋았다. 이때도 "맛있다"는 느낌은 있지만 느끼는 자는 없는 것이다. 정확하게 말하면, 맛있다고 느끼는 나는 통념상[世諦]으로 존재하지만, 진실의 차원[眞諦]에서는 그런 '실체로서의 나'는 없다는 뜻이다.

데카르트는 이렇게 말했다. "나는 생각한다. 고로 나는 존재한다." 지금까지 살펴본 무아론적 관점에서 볼 때 이 말은 문제가 있다. 불자들은 이렇게 말해야 할 것이다. "[나는] 생각한다. 고로 생각이 존재한다." 좀더 분명하게 말한다면, "생각은 있으나 생각하는 자는 없다."

'무아론'이 왜 중요한가

고타마 싯다르타가 태어나서 [사방 일곱 걸음을 걸으면서?] '천상천하유아독존天上天下唯我獨尊'이라고 선언했다는 신화가 있다. 사실 여부는 매우 의심스럽지만, 누군가 "그런 사실이 있다"고 전한 사실은 있다. 그 사람이 전하려는 요지는 "모든 생명이 제각기 있는 그대로 존귀하다"는 취지일 것이다. 그렇다. 모든 사람에게 우주의 중심은 자기 자신이다. 자식을 위해 자신을 희생하는 부모도 그 자식이 '내' 자식이기 때문에 그럴 수 있는 것이다. 내가 있고서야 너도 있고, 우주도 존재한다. 자아에 대한 집착은 우리가 상상하는 것보다 훨씬 깊고 오랜 역사를 가지고 있다.

그래서 '무아'라고 하면 까닭 없이(없지는 않지만) 스멀스멀 불쾌감이 일거나, 드물게는, 노골적인 반감이 생길 수도 있다. 그러나 위에서 살펴본 바와 같이 무아론은 “누가 봐도 있는 것은 있고, 없는 것은 없다”는 사실을 토로한 데 지나지 않으므로 섭섭할 것도 없고 분개할 일도 없다. 오히려 무아론은, 간과하기 쉽지만, 사실상 자유와 희망의 메시지이다.

“진리가 사람을 자유롭게 한다”는 경구는 무아론에 그대로 들어맞는다. “영속적 실체로서의 자아[즉 實我]”가 존재하지 않는다는 것은 [적어도 불교 내에서는] ‘확인된’ 사실이며, 그것으로 충분하고 다시 새로운 진리를 필요로 하지 않는다. “오류를 깨는 것이 곧 진실을 드러내는 것[破邪顯正]”이다. 그렇다면 ‘무아의 진실’이 어떻게 사람을 자유롭게 하는가?

‘배중사영(杯中蛇影, 술잔 속의 뱀 그림자)’이라는 중국 고사가 있다. 어떤 관리가 윗사람에게 문안을 갔다가 술대접을 받았는데 술잔 속에 뱀의 그림자가 어른거렸다. 좀 께름칙했지만 어려운 자리라 내색하지 않고 술을 마시고 돌아왔다. 그런데 뱀을 삼킨 것이 마음에 걸려 시름시름 앓다가 중병에 걸리게 되었는데, 나중에 그것이 뱀이 아니라 벽에 걸린 활의 그림자였다는 것을 알고 씻은 듯이 병이 나았다는 이야기이다. 여기서, 실아實我는 술잔 속의 뱀과 같다. 그것이 실재하는 것이 아니고 착각이나 오해라는 것을 아는 순간 생사의 병이 낫는 것이다. 존재하지 않는 뱀과 존재하지 않는 실아는 모두 병의 뿌리다. 다만 고사 속의 인물은 병으로 고통스러워하지만, 중생은 중병에 걸린 줄도 모르고 실아에 집착하고 즐긴다는 점이 다르다.

나의 관점이 바뀜으로써 세계가 일시에 변하는 것이 깨달음이다. '내'가 정신-육체의 통합체의 주인이며, 불변의 실체라면 바깥세상은 나와 단절되어 있고, 대립되어 있다. 그러나 그러한 실아에 대한 집착이 사라지면 인식론적으로는("존재는 인식이다") 더 이상 주객이 분열되지 않고 총체성에서 하나[大一]가 된다. 피부는 세계와 나를 가르는 경계로 볼 수도 있지만, 반대로 세계를 만나는 접점이나 통로로 볼 수도 있다. 그럴 때 나는 우주와 불가분적인 존재가 된다. 이렇게 전 우주적 존재가 되는 것이 무아의 체험일 것이고, 진아眞我가 긍정된다면 바로 이러한 우주아宇宙我를 가리키는 것이라고 나는 생각한다.

무아론은 몽상과 사변思辨의 산물이 아니라 직접적 관찰을 통해 확인할 수 있는 진실이다. 세계에 대한 바른 견해는 진리이기 때문에 소중한 것이 아니라, 인간을 자유와 행복으로 이끌기 때문에 가치가 있는 것이다. 물론 진실에 대한 지적인 이해만으로 충분한 것이 아니라 직접적인 통찰을 통해 확인하고 또 체험되어야 한다. 불교의 이론 체계는 실천을 전제하고 유도하는 한에서 의미를 가진다(앎도 실천이다).

무아의 '친절'

우연히 서가에 있는 《선불교의 철학*Philosophie des Zen-Buddhismus*》을 빼들고 읽는데 그 속에 무아를 다룬 장('아무도 아닌 자')이 있었다. 서양철학(특히 독일)과 불교의 무아사상을 [비교한다기보다는] '함께' 음미하는 내용이 매우 인상적이었다. 게다가 담박한 양념처럼 하이쿠를 곁들여서 풍미를 더했다. 인상적인 하이쿠 중에서 2개를 옮긴다.

"부처는 아니지만,
그렇게 자기를 잊은 채 서 있는
오래된 소나무." (잇사[一茶])

"오리 날개 위에
부드러운 눈이 쌓입니다.
오, 이 고요함이여." (시키[子規])

'무아의 자세'에 대해서 역자인 한충수가 핵심을 비교적 깔끔

하게 정리하고 있어서 해당 부분을 옮겨놓고 내 말을 보태는 게 좋겠다.

"무아(無我, Niemand[아무도 아님])는 거울과 유사합니다. 거울은 아무도 아니기 때문에 모든 사람의 얼굴을 비칠 수 있습니다. 이는 거울의 친절입니다. 거울 같은 무아는 내면성, 영혼 및 자기를 가지지 않습니다. 무아에 이르기 위한 선불교 수행의 핵심은 자기를 던져버리는 것입니다. 자아가 강한 사람은 늘 자기의 미래를 걱정하는 데 반해, 무아는 현재에 그때그때 머무릅니다. 자기를 버린 무아는 걱정이 없습니다. 무아는 자기의 정체성 혹은 동일성을 고수하지 않고, 만물의 운행에 따릅니다. 무아가 경치를 볼 때, 경치는 그에 대립하여 서 있는 대상이 아니라, 그에게 흘러듭니다. 경치가 경치를 보게 됩니다. 무아가 그린 그림이나 무아가 쓴 하이쿠는 세계와 사물을 있는 그대로 빛나게 합니다. 무아가 내면성을 가지지 않기 때문에 그림과 하이쿠에 심오한 의미는 없습니다. 그렇기 때문에 그것들은 깊은 울림을 자아냅니다." (한병철, 《선불교의 철학》, p. 192)

A. 거울이라는 것은 사람이든 사물이든 오면 맞이하고 가면 보낸다. 맞이하되 [선입견 없이] 담담하고, 보내고 나서는 [뒷담화가]

남지 않는다. 마치 오리가 날아간 호수에 그림자가 남지 않듯이. 텅 빈 것이 '거울의 친절'이라는 말에 도가 한 소쿠리 담겼다.('이것은 불친절이다')

B. "자기를 던져버리라"는 것은 누가 읽든 그 말뜻을 짐작할 수 있을 것이다. "자기를 놓으라[放]"든가, "생각을 쉬라[歇]" "자기를 잊으라[忘]"는 말과 일맥상통할 것인데, 구체적으로 어떻게 하는 것인가? 전 지구적으로 통용되는 방법은 집중(혹은 삼매)하는 것이다. 집중이란 거리를 두고 하나의 대상을 관觀하는 것이지, 대상에 대해 생각하는 것이 아니다. 즉 생각을 일으키지 않는 연습이다. 생각은 반드시 '나'의 생각이므로 생각이 많을수록 자아가 강화된다.

C. "현재에 머문다"는 것 역시 전가의 보도이다. 늘 '지금, 여기(here & now)' 있게 되면 과거나 미래에 대한 근심 걱정이 없다. 과학자들의 연구에 따르면 초월적이고 영적인 정신상태는 전형적으로 '좁은 시간 대역폭帶域幅'과 관련이 있다고 한다. 그런 상태에서는 '순간 그 자체'에 존재한다는 의식이 들고, 언제나 '지금 여기'에 존재한다고 느끼며, 시간 지각력이 사라져서 과거나 미래의 일은 생각하지 않고 영원한 순간에 존재한다는 것이다. 특히 이때 '자의식'이 사라지고 고요하고 깊은 평화를 느낀다고 하

는데 이것은 무아의 체험, 곧 열반의 즐거움에 비견할 수 있다.

A, B, C는 결국 같은 말이고, 나머지는 군더더기이다. 자기를 주장하지 않으므로 "만물의 운행에 따르"게 되고, 나도 경치가 되어 "경치가 경치를 보게" 된다…… 그래서 시든, 그림이든, 사람이든, "텅 빈 것이 아름답다"고 말할 수 있는 것이다.

업과 윤회

"고통은 있으나 고통받는 자는 없다"고 한다면, 똑같은 이치로 "업은 있으나 업을 지은 자도 없고 받는 자도 없다"고 말할 수 있다. 물론 무아의 진리로 통찰할 때 그렇다는 말이다. 그렇지 못할 때 업도 있고 업보도 있으며, 업을 짓고 받는 자도 있다.

업은 이렇게 움직인다

우리나라에서 업業이란 말은 '내게 주어진 운명'처럼 숙명론적 색채가 짙지만 업의 산스크리트어는 까르마(karma)로서 행위(action)를 뜻한다. 여기서 행위란 생각[意業]과 말[口業]과 신체적 행위[身業]를 모두 포함한다. 말과 행동은 대개 생각에서 나오기 때문에 마음이 근본이 된다. 그런데 '업을 짓는다'는 표현이 암시하듯이 모든 행위는 일종의 관성을 갖고, 같은 행위가 반복됨으로써 습관이 형성된다.

따라서 업은 ① 행위 자체와 ② 행위의 반복에 의해 고착되는 '경향성(行, saṅkhāra)'이라는 두 가지 측면이 있다. 전자를 현행(現行, 행위로 드러나는 것)이라고 하고, 후자를 종자(種子, 행위의 관성이 무의식에 잠재된 상태)라고 한다. 업이 형성되는 구조는 내재적인 동시에 순환적이다. 모든 행위의 효과는 의식적으로나 무의식적으로 내면화해서 특정 성향, 혹은 잠재적인 에너지[種子]로 무의식에 '저장'된다(이 역시 비유적이다. 업의 여력이 물건처럼 창고에 쌓이는 게 아니다). 이렇게 내재화된 성향 내지 에너지는 적절한 조건이 형성되면 다시 행위로 드러나고[現行], 이렇게 행위로 나타난 업은 좀더 강화된 형태로 다시 내재화[種子]된다.

예를 들면 화를 잘 내는 성향을 가진 사람은 화가 날 만한 조건이 되면 화를 내고픈 업의 힘을 억제할 수 없을 만큼 강하게 느끼며, 이 경우 대부분 분노를 터뜨리게 되는데, 이런 식으로 반복되면서 그의 성향은 천성으로 굳어져가는 것이다. 이것은 누구나 관찰 가능한 현상이다. 이렇게 업의 이론 자체는 하등 특별할 게 없고, 따라서 인도나 불교를 들먹일 필요도 없다. 마당에 소나기가 쏟아진 후에 낮은 곳으로 물길이 형성되듯이 사람의 행위도, 왜 그런지는 모르지만, 반복에 의해 특정한 방향으로 발전하고 고착된다는 것을 우리는 경험으로 안다.

오랜 과거로부터 생각과 말과 행동으로 반복되어온 모든 행위(즉 업)가 개체의 특성을 만들어간다. 그런 의미에서 "나는 나의 과거이다"라고 말할 수 있다. 개개인이 특정한 방식으로 세계를 인식하고 해석하는 방식 역시 업의 영향이다. 그러므로 중생이 지각하는 자기의 몸은 물론 바깥세계도 업이 만들어낸 것이라고 할 수 있다. 〈수능엄경首楞嚴經〉에 대한 계환의 주석("戒環 解" 〈卍續藏經〉 17, 800下)에 이런 말이 있다.

"사람의 몸[身根]과 세계[器世]는 혼미하고 둔탁한 망상에 의해 나타나는 것이다. 그러므로 [중생의] 망상이 엉기어서 세계[無情世間]가 나타나고, 중생[有情衆生]의 몸은 허망한 의식[妄識]과 생각이 구성한 것이다."

(根器二界 遂因迷頑妄想安立 故妄想凝結 則成無情國土 妄識知覺 則成有情衆生)

내 몸과 이 세상은 의식 외적인 대상으로서 무명 업이 만들어낸 신기루요, 꿈과 환상에 불과하다는 것이다. 색온色蘊의 현상을 '나', 혹은 '나의 것'이라고 생각해서 아끼고, 즐기며, 집착해서 실체화한 것이기 때문에 이 몸이 "허망한 의식과 생각이 구성한 것"이라고 한 것이다. 그리고 다생多生의 업이 만들어온 나의 감각과 의식에 비친 대상은 이미 나의 일부이며, 다른 말로, 나의 업이다. 그래서 이 세상은 신기루처럼 '중생의 망상이 엉기어서' 나타난 것이라고 한 것이다.

> "이 몸은 내 것도 아니고 다른 사람의 것도 아니다. 이 몸은 지난 생에서 의도하고 [몸과 입으로] 행동했던 업의 과보로 만들어진 것이다." (S. ii. 64.)

현재의 나는 한 치의 오차도 없이 정확하게 과거의 행위(업)가 만들어온 것이다. 적어도 이론적으로는 현재의 나를 초고성능 컴퓨터로 분석하면 어느 시점에서 어떤 생각을 하고 어떤 행위를 했는지 '조사하면 다 나올' 것이다. 무슨 수를 쓰더라도 나는 나로부터 달아날 수가 없다. 즉 내가 지금껏 만들어왔던 과거의 행위와 그 결과로부터 도망칠 수가 없는 것이다. 경전에서는 그것이 마치 그림자가 형체를 따르는 것 같다고 표현한다. 본능도 업이라고 본다면 우리가 얼마나 업에 강하게 예속되어 있는지 알 수 있다.

과거의 반복적인 행위로 인해 강화된 업은 다시 나를 지배하고 강제한다. 자기 스스로 선택하고 만든 거라서 누구를 원망할 수도 없다. 그렇다고 해서 업의 힘[業力]이 절대적이라는 말은 아니다. 현재의 나는 과거의 행위의 결과지만 미래의 나는 바로 이 순간부터 만들어나가는 것이다. 의지조차도 독립적이지 않고 연기적이기 때문에 인간에게 과연 자유의지가 있는지 여부는 간단하게 답할 수 있는 문제는 아니다. 그러나 모든 것이 연기적이고 공空하기 때문에 변화가 가능한 것은 분명하다.

비실체론적 관점에서 볼 때 세상에 고정 불변하는 것은 없다. 업도 공空하고 실체가 없다. 업이 실체가 아니기 때문에 다시 만들 수도 있고, 변화시킬 수도 있으며, 소멸시킬 수도 있다. 바람직하지 못한 자신의 업장業障을 소멸시키는 법은 간단하다. 자신이 좋지 않다고 생각하는 행위를 하지 않으면 된다. 그것이 옳든 그르든 오래 반복해온 행위를 하지 않으면 좀이 쑤시고 즐겁지 않을 것이다. 중생은 업을 즐기기 때문에 중생인 것이다. 그러나 어떤 습관도 반복하지 않으면 사라진다.

청춘남녀의 연애(사랑이라는 업)를 예로 들어보자. 첫눈에 반해서 정신 못 차리는 경우도 있겠지만, 대체로 처음에는 사랑의 감정이 미약하다. 한 번 보고 두 번 보고, 보지 않을 때도 자꾸 생각하다 보면 사랑하는 '마음의 결'이 점점 두터워지고 강해져서 마침내 헤어지면 죽을 것만 같을 때가 온다. 그래서 거부할 수 없는

'운명적인 사랑'이라고 믿게 되지만, 사실은 자신이 하루하루 키워온 것이다. 미움이든 사랑이든 모든 만들어진 것[有爲法]은 생겨나고 변하다가 언젠가는 반드시 소멸한다.

요즘처럼 SNS가 활발한 세상에서는 개별적인 업[別業]과 공동체의 업[共業]에 대해서도 알아둘 필요가 있다. 개별적인 경우에는 윤회를 통해 개인적인 행위의 결과를 그 자신이 받는 것이고, 공동체의 경우에는 일정한 단위의 공동체가 특정한 업을 함께 짓고 함께 받게 되는 것을 말한다. 예를 들면, 나는 나의 별업이 있는 동시에 한 가족으로서, 대한민국의 국민으로서, 지구촌의 주민으로서의 공업을 공유하고 있는 것이다. 어떤 사회가 환경을 오염시켰을 때나 부패한 정치인을 선거로 뽑았을 때 구성원들이 결과를 공유하는 것도 공업의 사례이다.

인과응보因果應報는 비과학적인가

인과응보란 "원인[因]에 상응하는[應] 결과[果]를 돌려받는다[報]"는 말인데, 특정 행위(즉 업)는 반드시 현생에서나 내생에서 그것에 상응하는 결과를 산출한다는 것이다. '선인선과 악인악과(善因樂果 惡因苦果 : 착한 행위의 결과는 즐겁고, 악한 행위의 결과는 괴롭다)'라는 공식으로 표현되기도 한다. 《노자》에 '천지불인(天地不仁, 자연은 인자하지 않다)'이라는 말이 있다. 자연은 악하지도 않고 선하지도 않다. 앞에서 업과 윤회는 나름의 '자연' 법칙을 따른다고 했으므로 인간의 가치판단이 개입된 '선악'으로 한정하기보다는 '원인과 동류同類의 과보'를 받는 것으로 보는 것이 사실에 근접하다. 아래 인용문에서 보듯이 비슷한 성향이나 기운끼리 인과가 대응하는 것이다.

> "비구들이여, 어떤 사람이 험악한(aggressive) 행위나 말이나 생각을 하게 되면, 그 과보로 험악한 세계에 다시 태어나게 된다. 험악한 세계에 태어나면 자연히 험악한 일을 겪게 된다. 그 중생이 겪게 되는 험악한 일은 지옥의 중생이 겪는 것과 같은 정도의 극심한 고통이다." (A. i. 122.)

붓다는 특히 "자기가 지은 업은 자기가 받는다"는 자업자득自業自得의 원칙을 강조했는데, 여기서 험악한 세계란 삼악도(三惡道 : 축생, 아수라, 지옥)를 가리키는 것 같다. 불교 경전이나 절집 주변 설화 중에는 인과응보에 얽힌 이야기들이 유독 많다. 그런데 인과응보의 '공식' 또한 윤회와 마찬가지로 과학적으로 예측하거나 검증할 수 없다. 특정한 업이 성숙해서 특정한 결과로 드러나는 시기와 형태는 다양하고, 그 인과관계 또한 추적이 불가능할 정도로 매우 복잡하다. 더구나 업의 결과가 현생 안에서 모두 열매를 맺는 것이 아니라 그 후 여러 생에 걸쳐서 나타날 수 있기 때문에 인과관계를 확인한다는 것은 불가능에 가깝다.

그래서 불교의 업과 인과응보의 사상은 윤회설과 함께 [심지어 불교 내에서까지] 비판의 대상이 되어 왔다. 수년 전에 어떤 사람이 TV에 나와서 불교의 윤회, 업, 인과응보설이 모두 선행을 독려하기 위해서, 혹은 지배계급이 인민에 대한 착취를 영속화하기 위해 조작한 것이라고 주장해서 한동안 불교계가 들끓었던 적이 있다. 자유세계에서 누구나 소신을 밝힐 수는 있지만, 자기가 잘 모르는 문제를 건드릴 때에는 신중해야 한다. 대체로 비판자들은 비판의 대상에 대해 무지하다. 항간에 "모르면 용감하다"는 말이 있는데, 비판의 대상에 대해서 알면 알수록 할 말이 줄어드는 게 보통이다.

대다수 현대 학자들은 불교 '사상'을 서양의 사변철학처럼 이해하고 또 분석한다(〈부록〉에서 다루게 될 포르 교수도 그런 예에 속한다고 본다). 불교 역시 형식으로 볼 때는 거대하고 복잡한 이론체계이지만, 그 이론과 사상의 근거는 정신현상에 대한 관찰과 경험이다. 그런 의미에서 불교는 일종의 실증주의나 경험철학에 근접하다. 경전에 기록된 붓다의 언행을 보면, 스스로 검증하지 않은 사실을 전통 사상이라거나 권위 있는 말씀이라고 해서 무비판적으로 수용하지는 않았을 것이다. 업과 윤회설 역시 관찰되고, 검증된 사실이라는 것을 받아들일 만한 상당한 이유가 있다.

예컨대 눈[眼]에도 단수段數가 있다. 보통 사람의 눈이 육안肉眼이라면, 부처의 눈[佛眼]도 있고, 지혜의 눈[慧眼], 법의 눈[法眼], 초감각적 눈[天眼]도 있다. 육안으로 볼 수 없다고 해서 존재하지 않는 것은 아니다. 인과응보의 관계나 윤회의 실상을 관찰하는 것은 숙명통宿命通이나 천안통天眼通과 같은 초감각적 지각인데, 누구나 계발 가능한 능력이라는 점에서 제한적으로 보편성을 인정할 수 있을 것이다. 즉 '과학'이 될 소지가 있다는 말이다. 애꾸눈 나라에서는 두 눈 성한 사람이 장애인이듯이 다수결로 과학과 비과학을 가를 수는 없다.

옛날에 화산이 폭발하면 '비과학적'이었던 원시인들은 신이 노했다고 생각했다. 그런데 사람들이 '과학적'으로 생각하게 되면서 지각 아래에 있던 마그마의 분출임을 알게 되었고, 그 원인까지 다각도로 해명해냈다. '꿈의 해석'을 통해 늙은 신경증 환자의 발병이 어릴 적 모종의 사건에 기인한다는 것을 알아내는 것을 과학이라고 한다면, 단지 우연으로 치부했던 자신의 운명이 복잡한 인과관계의 필연이라는 것을 [초감각적 지각이나 다른 수단을 통해] 확인하는 것도 합리이고 과학이 될 수 있을 것이다. 특히 정신분석학은 현재의 정신병적 징후가 대부분 과거나 전생(칼 융은 전생을 인정했다)의 어떤 상황이 촉발한 심리적 상처에 기인하는 것으로 본다는 점에서 넓게는 업과 인과응보에 '근거한' 학문이라고 말할 수도 있을 것이다. 어떤 이유에서 정신분석학은 과학이고, 업과 응보설은 비과학이 되어야 하는지 알 수 없다.

인과응보설의 토대가 되는 업과 윤회설이 불평등을 영구히 고착시키기 위한 것이라는 상투적인 가설도 그다지 설득력이 없다. 업과 윤회의 논리에 따르면 현재의 내가 과거의 행위의 결과인 것과 마찬가지로 미래의 결과가 현재의 행위에 달려 있다. 지금 내가 하기에 따라서 미래가 바뀐다는 것이 업과 인과응보의 법칙이다. 다시 말해서 변화와 개혁의 논리를 함축하고 있는 것이다. 지배권력이 업과 윤회사상을 자신들의 이익에 맞게 개조하거나 악용했을 가능성을 부인하는 것이 아니다. 선후가 뒤바뀌었다는 점을 지적하는 것이다.

윤회하는 세계

나가세나가 정의하는 윤회는 "이 세상에서 태어난 사람은 이 세상에서 죽고, 이 세상에서 죽은 자는 저 세상에 태어나며, 저 세상에 태어난 자는 저 세상에서 죽고, 저 세상에서 죽은 자는 다시 딴 세상에 태어나는" 것이다. 마치 하나의 과일나무에 열린 열매를 먹고 씨를 땅에 심었을 때 다시 나무가 성장해서 열매를 맺고, 또 그 열매의 씨를 심어 또 새로운 나무가 성장하듯이 윤회의 연속은 끝이 없다는 것이다. 그와 같이 윤회란 중생들이 삼계(三界 : 욕계欲界, 색계色界, 무색계無色界로 중생이 윤회하는 세계) 안에서 생과 사를 거듭하며 존재 양태를 바꾸어가는 것을 의미한다.

불교적 세계관에 의하면 인간은 삼계 중에서도 가장 낮은 욕계의 여섯 존재 양태 가운데 위에서 두 번째 지위에 있다. 욕계는 육체적 욕망이 지배하는 세계로서 지옥, 아귀, 축생, 아수라, 인간, 천신으로 구분되어 있으며, 인간계 위는 모두 신(deva)들의 세계이다. 색계는 육체적 욕망으로부터는 자유롭지만 여전히 몸을 가지며 번뇌가 남아 있는 신적인 존재들의 세계이며, 가장 높은 세계인 무색계는 육체가 없는 정신적인 존재들의 세계라고 한다. 무색계의 존재라고 할지라도 그곳에서 태어난 인연과 복락이 다하면 다시 업에 따라 다른 곳에서 태어나게 된다는 것이 윤회설의 골자이다.

과연 이러한 세계들이 우리가 사는 지구 행성과 같이 '실제로'

존재하는지 여부가 가장 궁금한 일이다. 내가 '이해한 바'에 따르면, 이러한 세계들도 인간계와 똑같은 실재성으로 존재한다는 것이다. 우리 눈에는 인간계와 축생계 정도가 보이고, 다른 세계의 중생은 보이지 않는다. 그러나 선정禪定 수련이나 특이체질에 따라 볼 수도 있다. 일례로 가섭존자가 길을 가다가 하늘을 보고 미소를 짓자 동행하던 사람이 그 까닭을 물었다. 가섭의 대답은 "아귀가 하는 짓을 보고" 웃었다는 것이다. 욕계의 천신 중에서도 범천梵天은 불경에 자주 등장하는데 이 역시 허구로 보지는 않는다.

윤회하는 세계의 우열은 중생의 영적靈的 수준에 대응하는 것이다. 삼계의 각 세계에 태어나는 중생은 그 세계에 태어날 만한 업(정신적 수준)의 힘에 의해 그쪽으로 '이끌린다'. 그것은 키질을 할 때 가벼운 티끌은 위로 날리고 무거운 돌은 아래로 모이는 것과 같은 이치다. 그렇다고 해서 과일의 크기를 선별하듯이 업의 근량에 맞는 세계에 '기계적으로' 배당된다는 의미는 아니다. 천태사상은 모든 중생이 악마로부터 부처에 이르기까지 모든 가능성을 품고 있다고 말한다. 그중에 '지배적인' 성향에 따라 태어나는 것이지만 특히 죽는 순간의 의식상태가 다음 생에 결정적인 영향을 미치는 것이다. 소위 "이번 생의 최후 일념一念이 다음 생의 최초 일념"인 것이다.

그래서 남방불교의 승려는 신도의 임종 자리에 초대되어 마지막 일념을 잘 갖도록 인도하는 역할을 한다. 내가 책에서 읽은 한 사례는 불심이 돈독한 신도가 임종하는 순간에 아귀나 인간계가 아닌 천상계를 선택하도록 승려가 돕는 역할을 했다. 평소에 공부를 많이 한 사람도 [그럴 확률은 낮지만] 죽는 순간에 나쁜 생각을 일으키면 좋지 않은 환생을 할 수도 있고, 정토사상이 가르치듯이 평생 도살업으로 살아온 사람도 임종 순간에 지극한 마음으로 아미타불을 염송하면 서방 극락정토에 태어날 수도 있는 것이다.

삼계에 차별이 있고, 그곳에 다양한 중생이 살고 있는 것은 어디까지나 통념적, 상식적 차원의 진실[世諦]이다. 앞서 무아의 논의에서 강조했듯이, 궁극적 진실의 차원[眞諦]에서 말하자면, 삼계라는 기세간(器世間, 중생이 사는 세계)과 중생의 신근(身根, 몸)은 모두 무명의 중생이 허망하게 집착해서 실체화한 것에 불과하며, 따라서 공空하다. 삼계와 중생의 몸이 공空한 것도 하나의 진실이요, 공空하면서 그렇게 존재하는 것도 또 하나의 진실이다. 어느 한 쪽 진실에 치우치거나 머물지 않고, 두 진실을 모두 비출 수 있을 때[雙照] 중도가 실현되는 것이다.

삼계는 통념상으로는 중생이 사는 '존재'의 세계이고, 불교에서 말하는 해탈(혹은 열반)이란 삼계를 '벗어나는' 것을 의미한다. 존재의 세계에서 벗어난다면 더이상 존재하지 않는다는 말인가? 이 물음에 대한 답은 다음 글('열반의 즐거움')에서 다루게 될 것이다.

윤회하는 이치

당연한 이야기지만, 사람이 윤회할 때 현생의 육체가 내생에 그대로 환생하는 것은 아니다. 그러므로 적어도 육체에서 윤회의 연속성을 찾는 것은 어리석은 일이다. 그렇다면 정신이 환생하는가? 정확하게 말하면 의식은 '다시' 태어나는 것이 아니라, 의식의 대상과 상호작용하면서 '시시각각 변하면서' 흘러간다. 연속이라는 측면에서는 유사성이 없지 않겠지만(전생을 회상하는 경우도 있다), 끊임없이 변화하기 때문에 전생의 마음과 내생의 마음도 같을 수가 없다. 그렇다면 A라는 사람이 죽어 B라는 사람이나 동물로 다시 태어날 경우, 그 둘은 같은 존재인가, 아니면 전혀 다른 존재인가? 이 물음에 대한 불교의 대답은 같지도 않고 다르지도 않다는 것이다.

비유하자면, A라는 양초의 촛불을 B라는 양초에 옮겨 붙일 때 A의 촛불과 B의 촛불이 같은 것도 아니고 다른 것도 아닌 것과 같은 이치이다. 이때 촛불은 의식이고, 양초는 육체라고 할 수 있는데, 물론 비유적으로 그렇다는 말이다. B의 촛불이 A로부터 옮겨온 것이라는 관점에서 보면 같은 불이라고 할 수 있겠지만, B의 촛불은 새로운 파라핀이 연소되면서 타는 것이기 때문에 A의 촛불과 같다고 할 수도 없다. 이때 양초는 연속성이 없지만, 촛불은 다른 양초를 통해 연속된다. 그러나 정확하게 말하면, 연속되는 듯이 보이지만 불꽃 자체도 끊임없이 새로운 파라핀이 연소해서 만들어내는 새로운 불꽃이다. 나가세나의 비유에 따르면, 스승으로부터 배운 시詩가 스승에게서 옮겨온 것이 아니지만, 지금의 내 기억에 남아 있는 것과 같이 몸도 내생에 옮겨가지 않으면서도 다시 태어나는 것이다.

초기 경전에는 환생(여기서는 윤회와 같은 의미로 쓴다)이 '구체적으로' 어떻게 일어나는지 알려주는 붓다와 아난다의 대화가 있다.

"'환생, 환생'이라고 하는데, 그것은 어떤 방식으로 이루어지는 것입니까?"

"아난다야, 욕계에서 환생할 업이 성숙되지 않았는데도 욕계에서의 환생이 있을 수 있겠느냐?"

"그렇지 않을 것입니다."

"그렇다, 아난다야, 행위는 밭과 같고, 의식은 씨앗과 같으며, 욕망은 수분과 같다. 무명에 가려지고 탐욕에 얽매인 중생의 의식은 매우 낮은 수준으로 전락한다. 그러면 다음 생에서는 그 수준에 따라 환생하게 된다. 아난다야, 환생은 그렇게 이루어진다." (A. i. 223.)

행(行, 경향성, 혹은 업)은 의식의 흐름을 '물들이며[染]' 성숙해서 중생의 영적 수준을 결정한다. 그것이 다음 생에서 몸을 받을 준비가 된 개체(有, bhava)이다. 인용 경문에서는 의식이 토양에 뿌려진 종자와 같이 특정한 수준에서 확립되는데, 그 토양이 바로 행위, 즉 업이다. 즉 선하거나 악한 행위(토양)의 특성이 의식(종자)의 수준을 결정한다는 말이다. 행위가 선하거나 악하면 의식도 따라서 선악의 영향을 받는 것이다. 그리고 특정한 토양(행위)에 심어진 씨앗(의식)은 욕망, 혹은 갈애(渴愛, S. taṇhā)라는 수분을 머금고 자란다. 업이 간단없이 흐르는 중생의 의식에 영향을 주고, 업에 의해 물든 의식은 탐욕과 집착에 의해 자라고 성숙하는 것이다.

예를 들면, 내가 수준 B마이너스(B-)에 해당하는 정도의 선하지 못한 행위[밭]를 한다면 의식[씨앗]의 흐름은 그 행위의 영향을 받아서 B- 수준이 되고, B-의 의식은 그 수준의 애욕과 집착을 일으키며 흘러가다가 죽으면 그 수준에 맞는 인연(부모와 환경 등)을 만나서 환생을 하게 되는 것이다. 이렇게 과거-현재-미래로 흘러가는 의식이 행위(업)에 물들고, 욕망으로 길러지는 것은 신의 뜻도 아니고 염라대왕의 명령도 아니다. 중생이 삼계를 떠돌며 환생하는 것도 수목의 씨앗이 다양한 토양에 뿌려져서 다시 열매를 맺듯이 자연스러운 과정이다. '자연스럽다'는 것은 그 나름의 법칙을 따른다는 말이다.

붓다가 제사를 지내는 브라만에게 그 이유를 물었다. 브라만은 죽은 조상이 천상에 태어나도록 기도하는 것이라고 답했다. 그러자 붓다는 돌을 우물에 던지고 나서 그 돌이 떠오르도록 기도를 해보라고 말했다. 브라만이 그것은 불가능하다고 말했다. 붓다는 다시 기름병을 우물에 던져서 기도로 가라앉히라고 말했다. 아무리 기도를 해도 우물에 던져진 돌은 떠오를 수 없고, 기름병은 물밑에 가라앉지 않는다. 의식에 물든 '업의 무게'에 따라 높고 낮은 차원의 세계에 태어나게 되는 것이지 제사나 기도의 힘으로 그것을 변화시킬 수 없다는 뜻이다. 바로 그 때문에 환생의 이치도 일종의 자연법칙과 같다고 말할 수 있는 것이다.

브라만의 기도가 죽은 조상의 거취에 아무런 영향을 미치지 못한다면, 절에서 흔히 행해지는 천도재(薦度齋, 죽은 사람의 넋이 극락으로 가도록 기원하는 의식)가 허례허식에 불과한가? 나는 그렇게 생각하지는 않는다. 《티베트 사자死者의 서書》는 죽은 영혼에게 법을 설하는 형식을 취하고 있다. 어떤 의미에서는 천도의식이라고 할 수 있다. 천도재에서는 주재하는 법사가 중유(中有 : 중음계의 존재, 靈駕)를 불러서 그 마음을 변화시킬 수 있는 능력을 지녔는가가 관건이다. 이 문제와 관련해서 매우 흥미로운 경문이 있는데, 붓다는 자신의 의식에 절대적인 영향을 미치는 행위를 변화시킴으로써 자기가 바라는 대로 환생할 수 있다고 가르쳤다.

"비구들이여, 여기 신심이 돈독하고, 덕과 학식이 있으며, 관대하고 지혜로운 비구가 있어서 이와 같은 생각을 했다고 하자. '내가 죽어서 육신이 무너진 후에 부유한 크샤트리아의 가문에서 태어나고 싶다.' 그리고 이러한 생각에 그의 마음을 기울이고, 집중하고, 발전시켜 나간다면 그의 열망에 의해 그는 그러한 가문에 태어나게 될 것이다. 비구들이여, 이러한 방법으로 뜻하는 곳에 환생할 수 있다." (M. iii. 99.)

"신심과 덕과 학식과 도량과 지혜가 갖추어진 사람"이라는 전제조건이 있기는 하지만, 바라는 대로 환생하는 방법을 가르친 설법이다. 지금의 나는 과거의 나의 행위의 결과물이지만, 앞으로의 나는 현생이든 다음 생이든 순간순간의 내 행위(업)가 만들어나가는 것이다.

열반의 즐거움

열반의 상징적 비유는 '바람이 불어서 불길이 꺼진 상태'이며, 어원 역시 '불 꺼짐'을 의미한다. 그 불은 인간 내면의 탐욕과 증오와 어리석음의 불이다. 이 번뇌의 불길이 꺼져서 시원하고 편안한 상태에 이르는 것이 이른바 열반이다. 아마도 인도가 더운 땅이라서 이런 비유적 표현을 쓰는 듯하다. 붓다의 출가 목적이 인생의 괴로움으로부터 해탈하는 것이므로 열반이야말로 불교의 궁극적 목적인 동시에 최고의 가치이다. 따라서 45년 간의 붓다의 설법도 궁극적으로는 모두 열반에 이르는 길(전제적 이해와 방법론)을 가르친 것이라고 말할 수 있다.

열반에 대해서는 할 말이 궁하다. 직접적인 체험이 없거나(혹은 체험하면서도 자각하지 못하거나) 모자란 까닭이다. 그것은 마치 일평생 열대의 파푸아뉴기니를 벗어난 적이 없는 원주민 노인이 이

방인으로부터 '얼음'이라는 신기한 물건에 대한 이야기를 듣고 그것을 손자에게 전하는 것과 같고, 장님이 점자책에서 읽은 무지개의 아름다움을 논하는 것과 같다. 그러나 나가세나도 말했듯이, 아픈 사람의 표정과 신음소리를 듣고 그 고통을 짐작하듯이 여러 가지 전언과 간접 체험을 통해 열반이 어떤 것인지 부족한대로 전달할 수는 있다. 남의 고통을 짐작하는 것과 자신이 직접 겪는 것은 완전히 다른 얘기라는 건 말할 나위도 없다.

열반이 원인이나 조건에 의해 생기는 게 아니라는 것은 분명하다. 팔정도八正道나 지관止觀, 참선과 같이 열반에 이르는 수행은 여러 가지가 있지만, 그러한 '수행의 결과'로 얻는 게 아니다. 열반은 만들어지는 게 아니라 '본래' 존재하는 것이므로 그것을 일으키는 원인은 없는 것이다. 어떤 의미에서 우리는 이미 열반의 삶을 살고 있으면서 무명에 가리고, 착각에 빠져 그것을 모르고 있다고 말할 수 있다. 그런 의미에서 수행이란 무명의 장막을 걷어내는 것이고, 착각에서 깨어나는 것이다. 동서남북을 분간하지 못하고 동쪽인 줄 알고 서쪽으로 가더라도 '동쪽'은 그대로 존재하는 것과 같다.

중생의 현실

불교가 '괴로움의 진리[苦聖諦]'를 사성제의 첫머리에 둔 것은 괴로움을 강조하기 위해서가 아니라 괴로움을 벗어난 행복감[滅聖諦]과 그 길[道聖諦]을 가리켜 보이기 위해서이다. 지나치게 민감하지만 않다면 고통을 그대로 자각하는 것이 생존과 안녕에 유리하다. 고통과 고통의 예료豫料를 미리 감지해서 피할 수 있기 때문이다. 진통제를 남용해서 낭패를 겪는 것을 주변에서 자주 접하게 되는데, 몸이 보내는 신호(고통)를 무시함으로써 적절한 조치를 취하지 못하게 되는 것이다. 붓다 역시 예리한 지성과 섬세한 감성의 소유자였던 것 같다. 그는 모든 인간이 피해갈 수 없는 현실적 고통과 그 원인, 그리고 고통으로부터 근본적이고 영구히 벗어나는 길을 제시했다. 그것이 사성제四聖諦이다.

사성제의 첫 머리인 고성제苦聖諦에서 붓다는 팔고(八苦, 여덟 가지 괴로움)를 열거한다. 그중에 오음성고五陰盛苦는 "오온 자체가 괴로움"이라는 것인데, 오온에 대한 집착이 모든 괴로움의 뿌리라는 것이다.

> "오온이 모두 무상하며, 고이며, 질병이며, 부스럼이며, 화살이며, 허깨비이며, 괴로움이며, 낯선 것이며, 허망한 것이

며, 주체가 없는 것으로 바로 보게 되면 [자연히] 이러한 것들로부터 마음이 떠난다." (M. i. 435.)

오온이 '나'라는 생각[我相]이 열반을 가린다. 만약 오온이 무상하고, 고통이며, 허망하다는 것을 분명하게 볼 수 있다면, 더이상 그것에 애착을 갖지 않을 것이므로 열반을 성취하는 것이다. 그러나 중생은 무상한 오온을 실아實我로 여겨 즐기는 존재이다. 중생이 오온을 즐기는 것은 도둑을 자식으로 여겨 애지중지하는 것과 같다. 이 말은 중생이 괴로움과 괴로움이 아닌 것도 구별하지 못하는 바보라는 의미이다. 어찌 그럴 수 있겠는가? 발등에 불이 떨어지면 "뜨겁다!"는 판단 이전에 발을 움츠리듯이 괴로움에는 본능적으로 거부반응을 보이지 않겠는가? 그러나 실제로 우리는 목전의 감각적 쾌락을 탐닉해서 조만간 닥칠 고통을 아랑곳하지 않는다. 불경(〈빈두로경賓頭盧經〉)에 재미있는 우화가 있다.

"어떤 나그네가 들판에서 미친 코끼리 떼를 만나서 우물 속으로 숨어 들어가 나무뿌리에 매달린다. 우물 벽에는 네 마리의 독사가 노리고, 바닥에서는 독룡이 독을 뿜고 있는데 흰 쥐와 검은 쥐는 번갈아 나무뿌리를 쏠고 있다. 그런데 나뭇가지에 매달린 벌집에서 꿀이 떨어지자 이 사나이는 자신이 처한 상황도 잊고 꿀의 단맛에 취한다……."

설마 그렇게 정신나간 사람이 있겠는가 싶겠지만, 중생이 처한 상황도 그와 같다. 실제로 우리는 언제 닥칠지 모르는 사고와 질병과 죽음에 노출되어 있다. 그럼에도 불구하고 "눈먼 나귀가 길을 재촉하듯이" 한 치 앞도 보지 못하고 감각의 즐거움을 탐닉하고 있지 않는가? 들판의 사나이는 총체적 난국에 빠져 있으면서도 몇 방울의 꿀 때문에 그것을 "달다!"고 여기는 것이다. 이 사람은 꿀을 받아먹기 위해 입을 벌리고 있을 것이 아니라 상황을 둘러보고 살아날 길을 찾는 게 현명하다. 시작도 끝도 없이 삼계를 유랑하는 중생의 처지도 저 사나이와 별로 다르지 않다.

괴로움이 없는 상태

열반의 일차적 정의는 괴로움이 없는 상태이다. 괴로움을 없애고 다시 열반의 즐거움을 얻는 것이 아니라, 괴로움의 완전한 소멸 자체가 완전한 행복이요, 곧 열반이다. 그런데 몸을 가진 채 열반을 얻은 존재에게 괴로움이 없다는 것은 언뜻 이해하기 어렵다. 붓다도 고통을 겪었다는 기록이 많기 때문이다. 이 점에 관해서 나가세나는 열반을 성취한 사람도 육체적 고통은 느끼지만 정신적인 고통은 느끼지 않는다고 말한다. 생각건대, 몸의 고통은 진화의 결과로 인과율에 따라 느낄 수밖에 없지만, 정신은 호오好惡에 대한 분별과 집착이 없기 때문에 탐진치의 고뇌가 없다는 뜻으로 이해된다. 이때 정신이 육체적 고통으로부터 자유롭다면 그 고통은 적어도 범부가 겪는 고통과는 다를 것이다.

① 탐진치貪瞋痴의 제거

"모든 탐욕은 버려졌고
모든 증오도 제거되었으며
모든 어리석음도 사라져서
적멸에 이르러 나는 열반을 얻었다." (Thag. 79.)

"비구들이여, 모든 괴로움의 소멸에 대한 앎, 이것은 실로 최상의 고귀한 지혜이다. …… 비구들이여, 탐욕, 성냄, 어리석음의 적정寂靜, 이것은 실로 최상의 고귀한 적정이다." (M. iii. 246.)

탐진치는 세 가지 독[三毒]으로 불릴 만큼 사람의 마음을 오염시키고 타락시킨다. 이른바 "죽음에 이르는 병"이다. 특히 증오심은 "쇠에서 생긴 녹이 쇠를 갉아먹듯이" 증오를 품은 사람을 갉아먹는다. 탐진치에 길들여진 중생은 그것이 고통이라는 것을 알지 못하지만, 그러한 불길이 고요히 잦아드는 것이 적멸寂滅이고,

적정寂靜이며, 열반이다.

② 갈애(渴愛, taṇhā)의 소멸

"[열반은] 갈애渴愛의 완전한 소멸과 포기와 거부이며, 그것으로부터의 자유와 초탈이다." (M. v. 10. / S. v. 421.)

괴로움의 소멸이 열반이므로 [괴로움의 원인인] 갈애의 소멸이 열반이다. 갈애는 애愛, 혹은 애탐愛貪, 욕탐欲貪으로 표현되기도 하는데 그야말로 '타는 목마름과 같은 애착심'을 말한다. 십이지 연기에서 다음 생에 태어나게 만드는 윤회의 동력이기도 하다. 범부는 '나'라는 생각에 붙들려서 대상을 분별, 집착하게 된다. 사막에서 길 잃은 대상에게 갈증은 가장 무서운 고통이지만, 오아시스를 발견해서 감로수를 마시는 순간 모든 고통은 사라진다. 그와 같이 열반은 분별심이 일으킨 갈애를 치유하는 감로수와 같다.

악마 파아피만이 말했다.
"자녀가 있는 자는 자녀로 인하여 즐거움을 얻고, 소를 가진 자는 소로 인하여 즐거움을 얻는다. 인간이 사물에 집착하는 것은 기쁨이니 집착할 것이 없는 자는 실로 기쁨이 없다."

스승이 대답하셨다.

"자녀가 있는 자는 자녀로 인하여 근심하고, 소를 가진 자는 소로 인하여 근심한다. 실로 인간이 사물에 집착하는 것이 근심이니 집착할 것이 없는 사람은 근심할 것도 없다."

(Sn. 16.)

악마로 분한 파아피만은 중생의 대변자다. 우리는 가족과 재물을 기쁨으로 여겨서 집착하는데 붓다는 냉정하게 그것들은 결국 고통의 씨앗일 뿐이니 버리라고 말한다. 다른 곳에서 붓다는 또 이렇게 충고한다. "미워하는 사람을 만들지 말라, 만나서 괴롭고, 사랑하는 사람을 만들지 말라, 못 만나 괴롭다." 춘원 이광수가 이 구절에 대해 이렇게 말한 걸 본 적이 있다. "헤어질 때 가슴이 터져도 좋으니 만나는 기쁨을 달라." 이렇게 보통 사람들은 집착과 번뇌가 얼마나 우리 영혼을 갉아먹는지 알지 못하고, 오히려 집착이 없는 고요하고 평화로운 삶이 무미건조하고 권태로울 것이라고 생각한다.

그러나 집착과 욕망을 부정하는 것이 이 세상을 부정하는 것도 아니며, 무미건조하고 소극적인 자세도 아니다. 오히려 본능과 업력에 순응하는 것이 무기력하고 나태한 삶이다. 오랜 세월에 걸쳐 굳어진 업의 힘에 역행하는 것이야말로 '물살을 거스르는 연어와 같이' 역동적이고 도전적인 삶이라고 말할 수 있다. '익숙한 것으로부터의 탈출'을 통해 '나날이 새로운 날'을 맞이하는 일이기도 하다. 나가세나의 말을 빌자면, "음식에 탐닉하지 않을 때 음식의 깊은 맛을 음미할 수 있는 것과 같다". 그런 의미에서 열반을 지향한다는 것은 범부凡夫의 삶을 부정하고 떠나는 일로 보이지만, 실은 삶을 온전히 즐기는 일이기도 하다.

지고의 행복

범부가 자기의 괴로움을 모두 알지 못하듯이, 일찍이 자각하지 못한 열반의 즐거움도 알 수가 없다. 누구나 자신의 눈높이밖에는 보지 못한다. "열반의 즐거움이 태양이라면 중생의 즐거움은 반딧불에 지나지 않는다"고 하지만, 사실은 반딧불만큼이라도 되는지 의문이다. 왜냐하면 범부가 감각에서 얻는 즐거움이란 너무 덧없고, 불안정해서 괴로움의 한 양태에 지나지 않기 때문이다. 붓다는 "중생들이 왜 그렇게 허망한 삶을 사느냐"고 묻는 제자의 질문에 "더 나은 것을 알지 못해서"라고 답한다. 사람들은 나이를 먹으면서 인생의 낙이라는 것도 부질없고 덧없다는 것을 알게 된다. 그러나 대부분은 '더 나은 대안'을 알지 못하고, 범부로서 생을 마친다.

① 안락

“열반은 지고의 행복이니 슬픔이 없고,
더러움이 없는 안락함을
완전하게 성취한 그분의 가르침.
이제 괴로움은 모두 사라졌네.” (Thag. 227.)

열반은 근심 걱정과 괴로움[憂悲苦惱]이 없기 때문에 안온하고 즐거운 것이다. 약어略語인 ‘Thag.’는 Theragāthā로서 초기 불교 시대의 장로(비구)를 가리키고, ‘Thīg.’는 장로니(비구니)를 가리킨다. 이들 비구와 비구니들의 시에는 열반의 즐거움을 노래한 것이 많다. 평생 말로만 듣고 직접 경험해보지 못한 열반을 직접 체험하는 순간 그 환희를 읊은 것이다.

② 자유

“생로병사로부터 자유로운 길이 제시되었는데
무상하게 늙고 죽어가는 삶에서 즐거움을 찾으려 하는가?
생명은 늙어가고 또 죽어간다.
바로 이것이(열반) 생로병사로부터의 해탈이며,
고뇌와 비탄과 장애와 공포와 고통으로부터의 자유이다.

이 죽음이 없는 상태를 많은 이들이 성취하였고,
바로 지금 그 경지를 얻을 수 있다." (Thīg. 511~513.)

열반으로 얻는 자유는 물론 정신적인 자유다. 아무리 신통력이 뛰어나도 정신적으로 속박되어 있다면 범부 중생과 다를 바가 없다. 무엇보다 자신의 업으로부터 자유롭기가 어렵다. 그래서 붓다뿐만이 아니라 동서양의 모든 성현들이 "자신을 이기는 자가 위대한 승리자"라고 했던 것이다. 앞서 말한 바와 같이 자기의 업을 변화시키는 것은 쉽고도 어렵다. '하지 않으면 그만'이니 쉽고, '하고 싶은 마음을 버리는 것'이니 어렵다.

시의 끝부분에서 '죽음이 없는 상태'라는 것은 영생한다는 의미가 아니라, 죽은 후에 다시 윤회하는 중생으로 태어나지 않기 때문에 죽음이 없다는 뜻으로 봐야 한다. 끝에서 '바로 지금' 열반을 얻을 수 있다고 말한 것은 결코 과장이 아닐 것이다. 열반은 밖에서 주어지는 것이 아니라 이미 자신 속에 내재해 있던 행복과 자유를 확인하는 것이기 때문이다.

③ 무원無願

"내가 바라는 건
삶도 아니고 죽음도 아니라네.
마치 고용인이 노임을 기다리듯
나는 때가 오기를 기다리네.
내가 원하는 건
삶도 아니고 죽음도 아니라네.
마음을 챙기고, 명료하게 알아차리며
나는 때가 오기를 기다리네." (Thag. 1002~1003.)

이것은 붓다의 고제자인 사리풋타(Sariputta, 舍利弗)의 노래이다. 이미 열반을 얻어서 다시 태어나지 않을 아라한은, 특히 늙고 병든 경우, '쓸데없이' 육체적 고통에 시달릴 게 아니라 완전한 열반(즉 죽음)에 들면 될 것이 아닌가? 나가세나는 이 게송을 인용하면서 답한다. 아라한에게는 좋아하거나, 싫어하는 분별이 없기 때문에 덜 익은 과일을 구태여 따지 않고 익기를 기다리듯이 육체의 해체를 기다린다는 것이다. 삶과 죽음에 대해서도 그럴진대 세상의 이해와 득실에 대해서는 말할 것도 없다. 그래서 "무엇이 되고 싶다거나 무엇이 되고 싶지 않다는 욕망"(M. i. 108.)이 사라진 평정심이 또한 열반의 덕이다.

"집착하고 있는 사람에게는 동요가 있다. 집착하지 않는 사람에게는 동요가 없다. 동요가 없으면 평정이 있다. 평정이 있으면 즐거움[에 대한 집착]이 없다. 즐거움[에 대한 집착]이 없으면 오고감[나고 죽음의 반복]이 없다. 오고감이 없으면 사라지는 것도 없고 생겨나는 것도 없다. 진실로 이것이 고통의 종식이다." (Udana, 80~81.)

"아무리 좋은 것도 없느니만 못하다!" 어떤 즐거움도 그것에 집착하게 되는 순간 갈증이 되고 고통이 된다. 그래서 마음이 일어나지 않는 '적멸이 진정한 즐거움[寂滅爲樂]'이 되는 것이다.

어디로 갔는가

"무여열반無餘涅槃이란 무엇인가? [……] 지극히 청정하여 언어와 사유가 의존할 근거가 없으니 유有라고도 할 수 없고, 무無라고도 할 수 없다. 그것은 역유역무亦有亦無도 아니고 비유비무非有非無도 아니니다. [열반이라고] 가리킬 수는 있지만 언어로 제시할 수는 없는 구경의 열반을 무여열반이라고 한다." (*Ittivuttaka* p. 44.《本事經》권3)

열반에는 유여열반과 무여열반이 있다. 전자는 이 몸을 가진 채 얻는 열반이고, 후자는 그러한 존재가 육체의 수명이 다하는 것인데, 열반의 본질이 다른 것은 아니다. 그런데 몸이 살아 있을 때는 '열반을 성취한 자'가 존재하지만, 죽어서 다시 태어나지 않는 자는 시공간에 존재한다[有]고 볼 수가 없다. 그렇다고 해서 완전히 없어지는 것[無]도 아니라고 한다. 사후의 아라한(즉 열반한 자)의 존재에 대해서는 붓다가 살아 있을 때부터 제자들과 외도들이 가장 궁금해했던 문제이다. 아라한은 "도대체 어디로 가는가?" 계속되는 물음에 붓다는 "어디로 가느냐"고 묻는 질문 자체가 부적절함을 지적하면서 다음과 같은 비유를 든다.

"그러나 밧차여, 만일 어떤 사람이 너에게 '당신 앞에 있는 이 불이 꺼졌다. 그 불은 여기에서 동서남북 어느 쪽으로 갔는가?' 묻는다면 너는 무엇이라고 대답하겠는가? '오, 고타마여, 그것은 적절하지 않습니다. 왜냐하면 그 불은 짚과 나무와 같은 땔감으로 인하여 타고 있었고, 그 땔감을 다 소모하고 더이상 없어서 불이 꺼진 것이기 때문입니다.' 그와 마찬가지로 형상[色]으로 여래를 가리키는 사람이 있지만 여래의 형상은 버려졌고, 그 뿌리는 파괴되었으며, 종려나무처럼 뿌리 뽑혀서 더이상 자라지 않고, 미래에 새로운 존재로 생겨나지 않는다. 여래는 형상으로부터 자유롭고 깊은 대양처럼 깊고, 심원해서 측정할 수 없다(나머지 사온四蘊에 대해서도 같은 내용이 반복된다)." (M. i. 487.)

꺼진 불은 어디로 갔는가? 인연이 사라져서 현재 불은 있다고 할 수 없지만, 인연이 모이면 다시 불이 생길 것이므로 완전한 무無가 된 것도 아니다. 아라한의 죽음에 대해서도 같은 말을 할 수 있다. 아라한의 사후에 다른 곳에서 다시 태어나는가 아니면 다시 태어나지 않는가 묻는 질문에 대한 붓다의 대답은, 태어난다, 혹은 태어나지 않는다고 말할 수 있는 대상인 오온五蘊이 완전히 소멸하기 때문에 오온의 범주 안에서 답을 구하는 질문 자체가 부적절하다는 것이다. 어디에 '있다'고 말할 수도 없고 아무데도 '없다'고 말할 수도 없으므로 "깊고 심원해서 측량할 수 없다"고 말한 것이다.

불교 수행의 궁극적 목적은 윤회전생輪廻轉生으로부터 영구히 벗어나는 것이다. 그리고 붓다의 깨달음에는 그것이 마지막 생이며 다시는 태어나지 않으리라는 확신이 포함되어 있다. 그렇다면 열반을 성취한 자는 사후에 윤회하지 않으리라는 것을 어떻게 아는가? 나가세나는 다시 태어나게 될 원인과 조건(즉 애욕과 집착)이 소멸되었다는 것을 스스로 알기 때문이라고 설명한다. [원인 없는 결과는 없으니까] 그것은 마치 "농부가 추수한 곡식을 갈무리하는 창고가 차고 비어 있음을 알듯이" 다음 생을 초래하는 인연이 소멸했음을 아는 것이다.

부록

'내'가 없는데 누가 윤회하는가

《밀린다 왕의 물음》에서 큰 비중을 차지하고 있는 '무아'와 '윤회'는 외견상으로 서로 모순되는 것 같다. "'내'가 없는데 대체 누가 윤회한단 말인가?" 물론 그것은 불필요한 번민이다. 이런 오해는 무아 개념과 윤회의 양상에 대한 무지에서 비롯되는데, 근대 이전의 불교학에서 이것이 논쟁의 주제가 된 적이, 내가 아는 한, 한 번도 없었던 것을 보면 현대 불교가 얼마나 얄팍한가를 알려주는 지표이기도 하다. 아래의 자료는 오래전에 쓴 소논문이다. 미진한 부분이 없지 않지만, 지금까지 논의된 내용이 망라되어 있어서 복습과 마무리를 위해 그대로 전재全載한다. 다만 끝부분의 '4. 남는 문제 : 베르나르 포르의 경우'는 현시점(2020년)에서 보완한 것이다.

1. 문제의 발단

우리가 보통 '나'라고 말할 때 암묵적으로 전제하는 것은 몸과 마음이 부단히 변화를 겪는 중에도 변화하지 않는, 자기 동일성을 갖는 무엇이 있다는 것이다.[1)] 그것을 나의 정체성, 본질, 혹은 실재라고 부를 수 있겠다. 만약 그러한 것이 있다면 그것에 대한 집착은 다른 문제라고 하더라도 적어도 전제 자체가 잘못된 것은 아니다. 그런데 불교는 전제가 잘못되었다고 말한다. 즉 조건의 변화에 따라 변하는 현상만이 있을 뿐, 불변하는 연속적 실체 같은 것은 없다는 것이다. 이것이 무아론無我論의 정의이다.

무아론은 불교가 인도 정통사상으로부터 이탈한 분기점이며, 적어도 명시적인 한에는, 동서고금에 그 유래를 찾기 힘든 교의이다. 뿐만 아니라, 상식에 반하는 듯이 보이는 도발성이 또한 일반인의 정서를 거스른다. 내[我]가 있으므로 너와 세계가 있고, 이해와 득실도 내가 있고서야 의미가 있을 터인데, 이러한 '나'를 부정한다는 것은 이성적인 논란 이전에 심정적인 반발을 먼

---

1) 과연 중생들이 그런 전제를 가지고 '나', '내 것'이라는 표현을 쓰는가 하는 물음에 대해 불교는 그렇다고 답한다. 그것은 누구나 사유와 관찰을 통해 확인할 수 있는 사실이다. 이러한 잘못된 전제와 그 전제가 낳은 '나'에 대한 집착으로부터 슬픔과 비탄과 고뇌가 생긴다고 말한다. 이러한 전도顚倒 망상으로부터 완전히 자유로운 이가 깨달은 자, 붓다이다.

저 불러일으킨다. 그러나 부정적 언표가 반드시 부정적인 내용을 담고 있는 것은 아니다. 앞으로 살펴보겠지만 무아란 그저 '있는 그대로의 사실'이다. 그래서 이해하기도 쉽다. 이해의 심천深淺이 사람마다 다를 수는 있는데, 무아를 깊이 체득할 때 일어나는 인식의 전변이 곧 깨달음이다. 그렇다면 무아론을 자유와 해방의 메시지로 봐도 무방하겠다.

이 글의 목적은 무아에 대한 이해를 심화시키는 수행론을 소개하는 것이 아니다. 새삼스럽게 진부한 주제를 들고 나온 것은 상식적인 교설이 너무나 많은 오해를 불러일으키고 있기 때문이다. 무아론에 대한 논란은 불교사를 통틀어 가장 민감한 주제 중의 하나이며, 이 논쟁은 붓다 생존 당시부터 지금에 이르기까지 끊임없이 재연되고 있다.[2] 무아론이 갖는, 혹은 갖는다고 여겨지는 난점은 윤회설과 결합할 때 극명하게 드러난다.

윤회설이란 물론 가설이다. 이것이 과학적 가설과 같이 어떤

2) 유아론有我論에 입각한 인도 정통사상은 시종 불교의 무아론을 비판해왔고, 불교는 나름대로 자체 교의를 방어해왔다. 칼루파하나와 같은 학자는 불교 스스로 유아론에 근접하는 듯한 태도를 '성전聖戰을 치르듯' 비판해왔는데 이것이 또한 불교 내에서 정통과 비정통에 대한 논란의 불씨가 되기도 한다. 일각에서는 불성론과 여래장 사상을 유아론으로 논박하기도 하는데 내가 볼 때 불성과 여래장은 실체가 아니므로 그 비판은 잘못된 것이다.

식으로든 입증될 시기가 도래할지는 알 수 없다. 윤회설은 현재의 과학적 패러다임과 방법 내에서는 검증하기가 어렵다. 윤회전생을 '보았다'는 이가 있고, 수행이나 최면 등 특정한 조건이 갖춰질 때 누구나 경험할 수 있다고 주장하더라도[3] 객관적인 증거를 제시할 수 없는 한, 간단히 이상 심리현상으로 치부되더라도 할 말이 없다. 이렇게 해서 윤회는 사실의 문제가 아닌 믿음의 문제가 된다. 이 글에서는 붓다와 역대 선지식들이 '본' 대로 윤회를 객관적인 현상으로 수용하겠다. 그들의 말이 중생들을 교화하기 위한 방편(upaya)이라고는 보지 않기 때문이다.

무아론과 윤회설이 결합할 때 생겨나는 문제는 개체가 조건들의 이합집산에 따라 명멸하는 현상에 불과하다면 윤회의 연속성이 어떻게 설명되는가 하는 것이다. 불교전통 안팎에서 제기되는 이 문제를 해명하기 위해 고금의 많은 학자들이 부심해왔다. 놀라운 것은 지금까지도 이 문제를 풀리지 않는 수수께끼로 인식

---

3) 수행자가 깨달음에 이르게 되면, 대략 다섯 가지 초감각적인 능력[五神通]을 갖게 되는데, 그중에서 자신의 전생을 보는 능력이 숙명통宿命通이고, 천안통天眼通은 남의 전생을 아는 능력이다.

하는 경우가 많다는 것이다.[4] 그러나 이것은 오해로부터 생겨난 잘못된 문제의식이다. 무아론과 윤회설을 바로 이해하게 되면 문제 자체가 해소된다. 따라서 이 문제를 해명하기 위해 새로운 가설이나 해석을 시도하기보다는 무아와 윤회를 이해하는 필자의 관점을 제시하고자 한다. 제한된 지면인 만큼 번쇄한 인용과 논증은 꼭 필요한 경우가 아니면 생략하겠다. 불교철학에 대한 선이해가 없는 독자를 염두에 두고 기술하겠지만, 연구자들이 논지를 파악하는 데도 문제가 없을 것이다.

2. '나', 연기적 존재

붓다는 분명히 자아(ātman)를 부정하고 윤회를 긍정하였다. 양자 사이에는 아무런 모순도 없고, 보통 사람이 알기 어려운 비밀이 숨겨져 있는 것도 아니다. 적어도 이론적으로 이해하는 한에는 그렇다. 그런데도 양자가 모순된다고 생각하는 것은 두 개념

4) 무아와 윤회설의 상충 여부에 대한 근래의 연구는 국내의 경우, 《무아윤회문제의 연구》(윤호진, 민족사, 1992.), 《윤회의 자아와 무아》(정승석, 장경각, 1999), 《칸트와 불교》(김진, 철학과현실사, 2000, pp. 125~174) 등이 있다. 윤호진은 무아론과 윤회설은 여전히 모순된다는 결론에 이르렀고, 정승석은 두 교설의 양립 가능성을 내비치고 있다. 그리고 김진은 위의 두 입장을 검토한 후, 역시 서로 모순되는 두 교설 중 어느 한 쪽이 양보를 함으로써 양립 가능할 것이라고 보았다. 본고의 성격상 이들의 오류와 무오류를 일일이 거론하지 않겠다.

에 대해 무언가 심각하게 오해하고 있는 부분이 있기 때문이다. 주지하는 바와 같이 무아론과 같은 근본 교설의 이해에 문제가 있다는 것은 그것과 유기적으로 얽혀 있는 교학 전체가 위태로움을 의미한다. 이것은 동시에 일반인들이 불교에 접근하는 데도 큰 장애가 된다.

무아無我는 anātman의 역어이다. 아트만(ātman)에 부정을 뜻하는 접두어 a(n)가 붙은 것이다. 아트만은 모든 개념이 그렇듯이 오랜 세월을 거치면서 쓰이는 맥락에 따라 다양한 의미를 갖게 된다. 현재의 논의에 국한한다면 두 가지 상반되는 용례를 들 수 있다. 하나는 연속성(혹은 영속성)을 가진 실체로서의 영혼 개념에 가까운데, 이것이 우파니샤드 철학 이래 인도 정통사상에서 강조되고 있는 아트만이다. 인도 고전(《바가바드 기타》)의 어떤 판본에는 윤회전생輪廻轉生을 묘사한 그림이 있는데, 어린아이-장년-노년-백골-[다시] 어린아이……로 끝없이 반복되는 삶과 죽음의 파노라마가 펼쳐져 있다. 그리고 이러한 변화를 연속적으로 관통하고 있는 섬광과 같은 형태로 ātman을 형상화하고 있다. 이렇게 그림으로 도해할 수 있을 정도로 아트만 이론과 윤회설은 궁합이 맞다. 그러나 불교에서 말하는 무아, 즉 anātman은 이러한 아

트만을 부정하는 것이다.[5)]

또 다른 하나는 우리가 일반적으로 '사람'이라든가 '나'라고 할 때 가리키는 대상이다. 불경에는 종종 이런 용례가 발견되는데, 이러한 의미의 ātman은 긍정되고 있다. 상식적인 차원에서 경험되고 있는 사람 일반도 존재하고, 나도 있는 것이다. ātman의 두 용례가 혼동되면 문제가 생긴다. 예컨대 불경에서 후자의 의미로 쓰인 ātman을 전자의 의미로 판독하면 마치 불교에서 모종의 연속적 실체로서의 자아를 용인하는 것으로 오해하기 쉽다. 간혹 인도 정통의 ātman과 대승불교의 진아眞我, 혹은 대아大我가 혼용되기도 하는데, 이러한 경향은 위험의 소지가 다분할 뿐만 아니라, 인도 정통사상의 적자이거나 서자라는 비판을 면키 어렵다.

불교는 '나'라는 존재의 동질성을 보장해주는 "변화하지 않는, 연속적인 실체로서의 나"는 부정하지만, "삶과 죽음을 반복하며 끊임없이 변화하고 있는 나"라는 현상적 존재를 부정하는 것은 아니다. 이것이 실체론적 세계관에 대비되는 연기론적 세계관이다. 말하자면 실체를 상정하지 않고도 얼마든지 인간과 세계를

5) pudgala나 gandharva 역시 연기적이고 현상적 존재[假我]를 가리키므로 후자의 의미로 쓰인 ātman과 다르지 않다.

설명할 수 있는 것이다. 인격적 개체란 마치 수레나 고성능 컴퓨터와 같이 그것을 구성하고 있는 부품들의 집합에 불과하다. 인간이란 명색名色, 혹은 오온五蘊 등 임의로 구분한 요소들이 분리할 수 없는 일체가 되어 통합적인 기능을 하는 것이다. 그리고 구성요소들은 '무상하게' 변화해 마지않는다.[6]

이렇게 무상하게 변화하는 구성 요소들 외에 다른 것, 예컨대 영혼이나 인도 정통사상이 정의하는 바 아트만 같은 것은 관찰되지 않고 경험되지 않는다. 컴퓨터나 인공지능 같은 것으로 비유될 수 있다는 점에서 무아론이 유물론적 사고에 근접한 것은 사실이다. 다만 불교는 정신이나 물질 중 어느 한쪽에 우월한 지위를 인정하지 않고, 그 둘의 결합으로 인간을 설명한다. 사람이 연기적 존재라는 말은 이러한 요소들이 결합되는 조건에 의해 나타나는 현상이 사람이라는 의미이다. 그것은 수증기가 대기 온도와 기압 차 등 조건이 갖춰질 때 구름으로 현상하는 것과 같고, 부싯돌이 부딪힐 때 일어나는 불꽃과 같은 것이다.

무아란 '내'가 연기적 존재라는 의미이다. 여기까지는 별 논란

---

6) 〈구사론俱舍論〉은 인격의 구성 요소가 찰나마다 생멸하는 것으로 설명하고 있는데, 현대물리학이 소립자의 순간적 생멸을 추론한 바와도 일치한다.

의 여지가 없을 것이다. 그런데 원론에 대한 합의는 이 정도에서 그친다. 원론으로부터 필연적으로 파생되는 각론에 이르면 흡사 장님 코끼리 만지듯이 이견이 속출한다. 그것은 무아론에 대한 총체적인 이해를 결하고 있기 때문인데, 무아론을 다른 교설과의 연관 아래에서 충분히 숙고하지 않기 때문이다. 무아론이 함축하고 있는 바를 확인하기 위해 몇 가지 의문점을 제기해보자. '자아'라는 연속적 실체는 정말로 존재하지 않는가? 또 그것을 어떻게 알 수 있는가? 만약 그렇다면 사람들은 왜 존재하지 않는 실체에 집착하는가? 이 물음들은 본 논의와 직접적인 관련은 없어 보이지만, 무아론과 윤회설을 깊이 이해하는 데 도움이 된다.

연속적 실체로서의 '나'는 끊임없는 집착의 대상이고, 갈증의 주체가 된다. 즉 모든 괴로움의 시발점이다. '나'와 '내 것'이 없다는 것을 안다면 무엇에 집착하고, 분노하며, 두려워하겠는가? 무아에 대한 통찰을 통해 모든 괴로움의 근원이 소멸되는 것이다. 이런 이유에서 사람들은 무아가 불교 윤리가 요청하는 개념이라고 말하기도 하지만[7], 그것은 확인하기가 곤란한 문제이다. 어떻게 보면 연속적 실체에 관한 문제는 순수 이성의 능력을 벗어난 형이상

7) L. de La Vallee-Poussin은 무아 이론은 인간의 욕망을 제거하기 위한 방편으로 고안된 것이라고 주장하고 있는데 (*Le dogme et la philosophie du Bouddhisme*, p. 113) 나로서는 동의하기 어렵다.

학적 주제인 듯이 보인다. 그러나 붓다가 40여 년 간의 설법에서 취한 태도로 보아 스스로 관찰하고 확인한 사실이 아닌 어떤 주장을 단지 유용하다는 이유에서 채택했다고는 보지 않는다.

무아가 관찰에 의해 확인될 수 있다고 믿을 만한 단서가 있다. 케마카(Khemaka)라는 비구가 한 무리의 승려와 나누는 대화가 있다.[8] 승려들이 케마카에게 오온五蘊 가운데에서 자아(ātman)나 그와 유사한 어떤 것을 '본' 적이 있느냐고 묻는다. 이것은 케마카라는 사람을 구성하는 연기적인 조건들[五蘊] 외에 그것들의 배후에 있는 연속적인 실체를 찾을 수 있었는가를 묻는 것이다. 케마카는 보지 못했다고 대답한다. 그러자 승려들은 무아를 확인했으니 이제 붓다가 된 것이 아니냐고 다시 묻는다. 이에 대해 케마카는 연속적 실체로서의 아트만이 없다는 것은 알았지만 여전히 '나', '나의 것'이라는 습관적 사고에서 자유롭지 못하다고 고백한다.

이 짧은 일화는 우리에게 몇 가지 시사점을 제공한다. 첫째, 수행자는 자신을 구성하고 있는 기능, 내지 구성 요소들을 분석적으로 관찰함으로써 실재로 존재하는 것과 단지 관념으로만 존재

8) *Samyutta-Nikaya*(2. S III (PTS), p. 126 이하

하는 것을 구분할 수가 있다는 것이다. 그리고 관찰의 결과 아트만은 허위의식에 불과한 관념으로서 그 말에 대응하는 실체는 발견되지 않는다는 것이다. 둘째, 이성적 판단과 관찰을 통해 아트만이 존재하지 않음을 확인해도 무아에 대한 완전한 통찰에 이르지 못할 수도 있다는 것이다. 케마카가 완전하게 무아를 깨달은 정황은 시사하는 바가 크다. 아트만이 실재하지 않는다는 것을 알게 된 후에도 연속적 실체로서의 '나[ātman]'에 대한 집착을 떨칠 수 없었지만, 우연한 기회(대화 도중)에 마치 "세탁한 옷에 밴 약품 냄새가 사라지듯이" 존재하지 않는 아트만에 대한 헛된 집착이 서서히 자취를 감추게 되었다는 것이다.

우리는 날마다 '나는', 혹은 '내가'라는 생각 속에서 살고 있다. 그러면서 '나'라는 것을 무상하게 변화하는 연기적 현상으로 보지 않고, 불변하고 연속적인 존재로 생각하는 경향이 있다. 그러나 "그러한 나[我]는 없다[無]"는 것이 무아의 정확한 의미이다.[9)]

---

9) 어떤 경우에는 무아無我론이 갖는 난점을 해소하기 위해 비아非我론을 내세우기도 하고(Rhys Davids, 정승석 등) 또 다른 경우에는 무아론이 진아眞我를 부정하는 것은 아니라고 하지만(中村元, 平川彰 등) 필자는 무아를 본문의 의미로 이해하며, 그것이 비아와 진아론에도 그대로 적용될 수 있다고 생각한다. 즉 불경에서 비아非我로 해석될 수 있는 부분은, 예컨대 [五蘊이] '나'와 '나의 것'이 아니라고 할 때, 그것 이외에 다른 것이 '나'라는 뜻을 함축하는 것은 아니다. 또한 집착의 대상으로서의 진아眞我는 부정될 수밖에 없으므로 무아론은 손상되지 않는다. 진아는 자아에 대한 집착의 변형일 때 문제가 된다. 필자는 〈해설〉에서 말한 바와 같이 진아를 무아의 한 표현[大我, 宇宙我]으로 이해한다.

그렇다면 아트만이 존재한다는 망상은 어디에서 비롯되었을까? 다시 말해서 우리는 왜 연기적 관점에서 사물을 보지 않고 실체적 관점을 고집하게 되었는가? 유식철학에서는 제7식인 말나식(manas vijnana)이 나를 실체화하고 또 거기에 집착하게 하는 전도된 의식이라고 설명하지만, 그것은 답이 아니라 끝없는 물음의 시작일 뿐이다. '시초始初'에 대한 물음은 언제나 곤혹스럽다. 분명한 것은 인간이 자신 속에서 일어나고 있는 작용들 전부, 혹은 일부를 경험하면서 '나'를 실체화하는 메커니즘을 갖고 있다는 것이다. 그것이 근본 무지[無明]이다. 어떤 SF 영화("2001 : A Space Odyssey")가 묘사하고 있듯이 컴퓨터도 정교해질 대로 정교해지면 [無明에 가려] '나'라는 자의식을 갖게 될까?

3. 윤회의 주체

불교의 가르침에 따르면 윤회전생輪廻轉生이 일어나는 방식은 이러하다. 사람이 죽으면 사람을 구성하던 요소들이 분리된다. 그런데 육신을 구성하던 것들[色蘊]은 완전히 흩어지는데 정신적인 부분[四蘊]은 흩어지지 않고 통합적인 일정한 흐름[識][10]을 형성하다가 부모가 잠자리를 함께할 때 그 모습에 이끌려 모태에 자리를 잡게 된다. 출산 때까지 식識이 모태를 벗어나지 않으면 새로운 개체가 탄생된다.[11]

여기서 '새로운 개체'란 이전의 개체보다 얼마나 새로울까?

새로 태어난 개체를 구성하는 요소[五蘊]는 이전의 개체를 구성하던 요소들과 많이 다르다. 구체적으로 신체를 구성하는 색온色蘊은 완전히 바뀌고, 정신적 요소인 나머지 사온四蘊도 '죽었다가', 다시 태어나기 전의 중간단계(中有, 혹은 中陰)[12]를 지나서, '다시 태어나는' 과정을 거치는 동안 많이 변할 것임에 틀림없다. 찰나생멸론으로 본다면 전생의 의식은 후생에서 완전히 바뀌었을 것이다. 그러나 이 변화는 사람이 '살아 있는' 동안의 변화보다 더 급격한 것은 아니다. 무아론이 윤회설과 상충되는 듯이 보

---

10) 보통 식識이라고 통칭되는데, 오온五蘊 중의 한 요소라기보다는 육체적 요소인 색色을 제외한 나머지 네 가지 정신적 요소[四蘊]가 하나의 흐름을 형성하는 것으로 이해된다. 사온은 편의상 이름을 붙인 것이고, 분리되지 않는 의식의 흐름을 가리킨다.

11) 중아함 24권 97, 증일아함 12권 21, 필자는 윤회를 방편설로 보지 않는다. 윤회전생 방식은 티베트 불교나 동북아불교, 남방불교에서도 매우 유사한 형태로 설명된다. 추체험推體驗일 가능성이 크다.

12) 흔히 죽고 나서 다시 환생할 때까지 중간단계인 중음기간 동안 의식의 흐름만이 존재하다가 새로운 부모로부터 육신을 받는 것으로 생각하기 쉽지만, 중음기간 동안에도 모종의 색온(이른바 中陰身)을 갖게 되는 것으로 보인다. 오온이 서로 의지해서 개체가 기능하기 때문이다.

이는 중요한 이유 중의 하나가 윤회를 지나치게 신비화하기 때문이다. 현생에서의 변화와 윤회전생을 통한 변화의 구조는 근본적으로 동일하다. 후자가 더 과격하게 보일지라도 정도의 차이에 불과한데, 특히 색온의 변화가 그러하다. 환생 후에 갖는 신체는 부모가 다르고 환경이 다르기 때문에 전생의 신체와 연속선상에 있지 않을 것이기 때문이다. 이 경우 동질성을 확정하기가 곤란하다. 그러나 그것은 살아 있는 동안에도 마찬가지이다.

앞에서 소개한 윤회 그림을 다시 보자. 어린아이가 장년, 노년을 거쳐 백골이 되고 그 뒤를 이어 다시 아이가 태어나고…… 백골이 된다. 아트만이 서식하는 곳이 심장 부근이라고 생각했던 것일까? 가슴에 빛나는 섬광이 윤회의 전 과정을 관통하고 있다. 그렇다면 아트만으로 불리는 섬광을 상정하지 않고 윤회를 설명할 수는 없는 것일까? 기저귀를 차고 있던 아이가 노인이 되었을 때, 그 둘 사이에는 어떤 관계가 있을까? 같다고 한다면 무엇이 같을까? 몸을 구성하는 모든 세포는 완전히 교체되었다. 어린아이였을 때 몸을 구성하던 세포 가운데 단 하나도 노인의 몸에는 남아 있지 않다. 그렇다면 마음에 어떤 연속성이 있을까? 붓다도 지적했다시피 마음은 실제로 몸보다도 더 변화무쌍한 것이다. 마음 혹은 의식현상 역시 찰나마다 특정한 조건 아래에서 명멸할 뿐이다. 그러니 마음에서 연속성을 찾는 것도 부질없다. 그러므로 아이와 노인은 몸으로 보나 마음으로 보나 동일한 존재가 아니다.

그렇다면 노인과 기저귀 차던 아이는 다른 존재인가?

'전혀' 다르다고 말할 수도 없다. 어제 나를 구성하던 오온은 오늘 완전히 바뀌어 있지만, 모종의 유사성[同類]을 갖고 변화하기 때문에 사람들이 '나'를 알아보는 데 문제가 없다. 성격, 습관, 모습도 '비슷'하다. 같지는 않지만 비슷하게 연속되는 현상을 '상속(相續, samtati)'이라고 한다. 말하자면 앞 순간의 존재와 뒷 순간의 존재가 단절되어 있지만 [명멸하기 때문에] 앞 존재의 성향이 바로 뒷 존재에게로 상속되기 때문에 유사성을 갖고 연속되는[同類相續] 것이다. 그래서 노인과 기저귀 차던 아이는 서로 "같지도 않고 다르지도 않다"고 말한다.

이해를 돕기 위해 박연폭포의 예를 들어보겠다. 헤라클레이토스가 일러준 대로 박연폭포도 매순간 다른 박연폭포이다. 서로 다르지만 비슷한 물방울들이 쉴 새 없이 쏟아져내리고, 또 흘러가버린다. 가물면 물이 마르기도 할 것이고, 홍수가 나면 불어나기도 할 것이다. 그러나 우리는 박연폭포는 '같은' 박연폭포라고 말한다. 기저귀 차던 내가 지금의 나라고 하듯이. 그러나 변하지 않는 박연폭포는 관념 속에, 혹은 이름으로만 있는 것이지 실제로는 존재하지 않는다. 박연폭포는 물방울들의 상속相續을 가리키는 한갓된 이름일 뿐, 주체가 없고 무실체[= 무아]이다. 윤회의 주체 역시 없다.[13)]

'살아간다'는 것은 '마음이 대상을 경험한다'는 말이나 다름없다. 모든 대상은 타고 있는 불꽃과 같이 순간순간 변한다. 그것을 경험하는 마음 역시 순간적으로 나타났다가 사라지고 또 다른(그러나 유사한) 마음이 연이어 일어난다. 이러한 물리적, 심리적 과정에 개입하는 자는 없다. 마치 강물처럼 그 자체의 조건과 법칙(즉 업)에 따라 요동치며 흘러갈 뿐이다. 이것이 무아윤회이다. 이 끝없는 흐름의 어느 한 구비를 '태어남'이라고 하고, 또 다른 구비를 '죽음'이라고 부르며 일희일비하는 것이 중생의 어리석음이다.

13) 무아론을 제대로 이해한다면 과거와 현재를 '잇는' 연속적 실체를 구할 필요가 없음을 알 것이다. 그러나 실체에 대한 집착은 놀랍도록 강하다. 푸드갈라 이론이 그것이다(잡아함 重擔經 3권 73). 그러나 이 경에서 말하는 푸드갈라는 현생과 내생을 이어주는 실아(實我, ātman)가 아니라, 현상적 존재, 즉 가아假我를 가리킨다. 그리고 윤회를 의식의 연속으로 보는 소위 식識이론도 앞에서 보여준 바와 같이 상속이론과 부합한다. 푸생 역시 상속 개념에서 비로소 무아론이 윤회설과 양립하게 되었다고 말하고 있지만(L. de La Valle-Poussin, *Nirvana*, p. 42), 그것이 궁극적으로는 다른 가설과 다르지 않음은 보지 않고 있다.

4. 남는 문제 : 베르나르 포르의 경우

"매순간 생멸하는 요소들의 성향이 어떻게 다음 순간으로 전달되는가?" 하는 것이 상속이론의 난점이다. "개체를 구성하는 정신적 요소나 물질적 요소가 생멸한다면 물리학적으로 말하면 입자와 같을 것인데 그것이 어떻게 파동과 같은 연속성을 갖는가?" 하는 물음이다. 박연폭포의 경우에는 앞의 물방울과 뒤에 오는 물방울은 아무런 관계가 없으므로 적절한 예가 될 수 없다. 그런데 양자물리학은 이러한 이율배반을 개의치 않는다. '실재'는 입자와 파동, 존재와 비존재를 넘나든다는 것이 그들의 대답이다.[14] 불경에서 유사한 비유를 든다면, "향을 싼 종이에 향냄새가 배고, 생선을 싼 종이에 비린내가 배듯이" 성향 내지 기운이 전달되는 것인데, 이때 '밴다[熏]'는 것이야말로 이율배반적이다. 향냄새(그리고 비린내)와 종이가 붙는다는 것인지 떨어진 채로 있다는 것인지 알 수 없는 것이다. 이 문제는 다시 무아와 윤회의 양립 가능성에 대한 논쟁으로 연결된다.

무아와 윤회가 모순되지 않는다는 것을 논증하는 작업 자체

---

14) Fritjof Capra(이성범, 김용정 역), *The Tao of Physics*(현대물리학과 동양사상), pp. 175~187, 1981.

가 맥 빠지는 일이지만, 현실적으로 이러한 오해가 하도 광범위하게 퍼져 있기 때문에 언급하지 않을 수도 없다. 어떤 분은 공영방송에 나와서 불교의 무아론과 윤회사상이 서로 모순되고, 이날 이때까지 이론적 타결책이 제시되지 못하고 있다는 말을 하고, 또 책에까지 그렇게 써놓은 것을 보고 개탄한 적이 있는데, 최근의 불교철학 수업에서는 어떤 학생이 불교의 무아사상과 윤회가 서로 상충한다는 근거로 불교학자 베르나르 포르(Bernard Faure)의 책(《불교》, 김장호 역, 영림카디널, p. 29)을 인용했다. 그 내용은 다음과 같다.

> [……] ① 영구적이고 실체적인 내가 없다면, 어떻게 인과관계의 법칙인 업보와 그것을 바탕으로 한 윤회의 법칙을 설명할 것인가 [……] 불교는 모든 윤리의 기본이 되는 이 의문에 합당한 방법으로 응답하지 못했다. [……] 그러나 실제로는 한 존재에서 다른 존재로 이주하는 것이 아니라, 하나가 죽으면 이어서 다른 하나가 태어나는 것이라고 불교도들은 말한다. 불교학자들은 ② 이 두 개의 존재 사이에 '완전히 같지도 않고, 완전히 다른 것'도 아닌, 한 존재에서 다른 존재로의 연결을 보장하는 일종의 심리적 잔재인 '중간자'라는 존재를 설정하였다. (밑줄과 번호는 인용자)

오역의 가능성이 별로 없는 글이므로 원문을 대조하는 수고는 하지 않겠다. ①번 문제는 물음 속에 이미 답이 있다. '영구적이고 실체적인 내가 없기 때문에', 다시 말해서, '나'는 인연 조건에 따라 무상하게 변하기 때문에 행위[業]의 영향을 받고, 시시각각 변화하면서 현생에서 내생으로 흘러가는 것이다. 만약 내가 '영구적이고 실체적인 존재'라면 어떤 변화(예컨대 業)에도 영향받지 않을 것이고, 또 현생의 존재가 내생의 존재로 이행하지도 못할 것이다. 실제로 다이아몬드보다 덜 영구적이고 덜 실체적인 진흙덩어리가 더 잘 변하지 않는가? '나'라는 현상은 강물처럼 안에도, 밖에도 주체가 없이 흘러가는 것이다. 붓다도 인간의 삶을 강물에 비유한 적이 있다.

"브라만이여, 모든 것을 휩쓸며 거침없이 흐르는 강물을 보라. 강물은 어느 한순간도 쉬지 않고 끊임없이 흘러갈 뿐이다. 인간의 삶도 이와 같다."

먼저 업을 살펴보자

다음과 같은 물음이 있을 수 있다. "이름이 가리키는 것이 영원불변의 실체가 아니라면 선악의 행위의 과보도 존재하지 않을 것이며, 죄를 짓는 주체나 수행의 주체도 없을 것이므로 모든 사회적 행위뿐만 아니라 종교적 행위까지도 의미를 잃게 되지 않는가?"

사람의 정신적 요소[名]와 육체적 요소[色]는 실체가 아니므로 무수한 요소들이 찰나 생멸하면서 강물처럼 혹은 폭포처럼 쏟아져내린다. 여기에 푸른 물감을 뿌리면 물결은 푸른색을 '띠고' 흘러갈 것이고, 지푸라기를 던지면 지푸라기를 '싣고' 흘러간다. 그와 같이 사람이라는 흐름 속에 업이라는 물감이나 지푸라기가 묻어 가고, 타고[乘] 가는 것이다.

다음, 윤회를 보자.

앞에서 '나'라는 것은 변화하는 정신, 육체적 현상이며, 인연화합의 결과물로 변하면서 흘러간다고 했다. 이 흐름은 시작도 알 수 없는 과거의 생으로부터 미래의 생으로 흘러간다. 그중의 어떤 부분을 삶이라고 하고 어떤 부분을 죽음이라고 이름을 붙여놓았을 뿐이지, 끊임없이 변화하는 흐름일 뿐이다. 이름이란 사람의 욕구나 필요에 의해 임의로 붙이는 것이다. 에스키모에게는 눈[雪]의 이름이 200가지나 된다고 한다. 눈이 그들의 삶에 끼치는 영향이 크기 때문에 세심하게 분류해서 그 변화를 읽어내야 생존에 유리한 것이다.

밑줄 친 ②번 역시 답은 그 안에 있다.

"완전히 같지도 않고, 완전히 다른 것도 아니"라고 한 것은 아마도 '불일불이不一不二'를 이렇게 해석한 모양인데 절로 실소가 나온다. 게다가 '심리적 잔재', 혹은 '중간자'는 어떤 맥락에서 나온 말인지 알지 못하겠다. 만약 중음신中陰身을 이런 식으로 표현했다면(그렇게 보이는데) 윤회하는 이치를 전혀 모르는 것이다. 단적으로 말해서, 전생의 사람과 다음 생의 사람 '사이에' 완전히 같지도 다르지도 않은 중간자(?)를 거치는 게 아니다.

여기에는 신비스러운 것이 하나도 없다. 어제 잠이 들 때의 나와 오늘 아침에 깨어났을 때의 나는 완전히 같지도 않고 완전히 다르지도 않다. 왜냐하면 어제의 나와 오늘의 나는 '같은 사람' 같은데, 자세히 분석해보면 몸도 마음도 모두 바뀌었기 때문에(현대물리학에서 소립자의 명멸을 생각해보라) 완전히 같은 존재라고는 말할 수 없다. 동시에, 그렇게 나라고 불리는 물심物心 현상이 모두 바뀌었는데도 불구하고, 어제 내가 잠에 들었다가 오늘 깨어난 것이 아니라고 할 수도 없다. 즉 연속성도 없지 않은 것이다.

이러한 모순(?)을 설명해주는 것이 부단불상不斷不常의 이치이다. 지금까지는 그런대로 이해했는데 갑자기 어려운 용어가 나왔다고 당황할 필요가 없다. 지극히 상식적인 이야기를 하려는 것이다. 모든 현상은 변한다. 그런데 이 '변화'라는 게 참 묘해서 다 아는 것 같은데도 실은 잘 모른다. 예를 들어서 "어떤 것이 다른 것으로 변한다"는 게 대체 어떻게 가능한가? 초보적인 철학훈련을 해보자. 세 살 아이가 여든 노인이 되었다면 '중간단계'가 있을 것이다. 세 살 아이가 네 살이 되어도 역시 중간단계가 있을 것이다. 그렇다면 세 살 아이와 0.000001초 후, 혹은 0.0000000000000000000……초 후의 아이와도 중간단계가 있다는 소린가?

〈중론〉에도 그런 이야기가 있다. 씨앗에서 싹이 난다면, 이 둘은 같은가 다른가? 같다면 싹도 씨앗이고, 다르다면 언제, 어느 순간에 어떻게 달라진다는 것인가? 변화란 말로 표현하기에는 너무나 불가사의한 것이다. '부단불상'이란 모든 변화는 변화 전과 후가 단절된 것[斷]도 아니고 [앞의 존재가 뒤의 존재로] 지속되는 것[常]도 아니라는 말이다. 씨앗의 싹으로의 변화는 단절된 것이 아니고, 동시에 씨앗으로서 지속되는 것도 아니다.

도미노를 보자. 도미노가 차례대로 쓰러지는 것을 촬영해서 고속으로 돌려보면 마치 연속된 흐름[常]으로 보이지만, 실제로는 앞의 물체와 뒤의 물체는 단절[斷]되어 있다. 인간을 포함한 모든 사물의 변화는 이렇게 이루어진다. 예컨대 우리 몸의 소립자들은 극히 짧은 순간 나타났다가 사라진다[斷]. 그런데 앞의 소립자가 사라지면서 동류同類의 소립자가 뒤이어 나타나므로 끊임없이 연속되는 것으로 보이는 것이다.

나는 나름 유명하다는 포르 교수의 '어처구니없는' 설명에 대해 곰곰이 생각한 끝에 다음과 같은 결론에 이르렀다. 과거의 불교전문가인 승려는 학자인 동시에 수행자였다. 그런데 요즘 시류는 학문과 수행이 나뉜다. 이것은 합체해야 제 기능을 하는 로봇이 분리되어 있는 것과 같다. 이론과 논리를 우선하는 사변적 공부와 체득을 중시하는 실천적 공부는 좀 다른 것인데, '과학적이라는 미신'에 빠진 현대 학문이 전자에 치우쳐서 생기는 파행跛行일 수 있다는 것이다.

수인 총서 2

밀린다 왕의 물음

초판 1쇄 펴냄 2020년 4월 27일
초판 2쇄 펴냄 2022년 2월 25일

역 해 서정형
펴낸이 전계림
펴낸곳 도서출판 공감과 소통
등록 제2020-000120호
주소 10378 경기도 고양시 일산서구 주엽로 161. 803-601
전화 031. 942. 9472
팩스 031. 624. 9593
이메일 gongsotong@naver.com
블로그 blog.naver.com/gongsotong

ISBN 979-11-967861-1-3 (03150)